看一眼就记得住的记得住的历史

历史

趣谈

袁红瑞 著

时代文艺出版社
SHIDAI WENYI CHUBANSHE

图书在版编目（CIP）数据

看一眼就记得住的历史趣谈 / 袁红瑞著. -- 长春：
时代文艺出版社, 2025. 3. -- ISBN 978-7-5387-7571-6

Ⅰ. K209

中国国家版本馆CIP数据核字第202453C8H8号

看一眼就记得住的历史趣谈

KAN YI YAN JIU JIDEZHU DE LISHI QUTAN

袁红瑞　著

出 品 人：吴　刚
产品总监：郝秋月
责任编辑：苟士纯
特约编辑：王　彦
装帧设计：丫丫书装·张亚群
排版制作：东方巨名

出版发行：时代文艺出版社
地　　址：长春市福祉大路5788号　龙腾国际大厦A座15层（130118）
电　　话：0431-81629751（总编办）　0431-81629758（发行部）
官方微博：weibo.com/tlapress
开　　本：710mm×1000mm　1/16
印　　张：15.75
字　　数：189千字
印　　刷：运河（唐山）印务有限公司
版　　次：2025年3月第1版
印　　次：2025年3月第1次印刷
书　　号：ISBN 978-7-5387-7571-6
定　　价：48.00元

图书如有印装错误　请与印厂联系调换　（电话：13701275261）

原来历史可以这样学

有位年迈的历史学家受邀到一所学院讲学。历史学家刚讲到历史的入门常识，台下一位学生忍不住发问："老师，历史不像语文那样韵味无穷，学好了可以写出好文章，也不像数学那样充满乐趣，学好了可以精通数学奥秘，学历史对我有什么用呢？"历史学家只是默默地看着他，简单回复了一句："孩子，刚才你的提问已经成为历史。"

从初中开始接触历史这门学科，总会有人困惑：为什么要学历史？在我们的日常生活中，历史不像语数英那样有实用性，为什么它还是一门必修的学科呢？

历史，简单来说就是人类社会过去的事件和活动，以及对这些事件行为的系统的记录、研究和诠释。历史有存在性和真实性，学历史就是从过去发生的真实事件上汲取经验和总结教训。历史就好比一本大族谱，记载了万事万物的起源与发展。例如：恐龙的历史、植物的历史、地球的历史等，我们人类当然也有历史。如果不学习历史，我们不会知道人类的起源从哪里开始，更不会明白历经多少代王朝更迭才发展形成了今天多元一体的社会。

怎么样才能学好历史？这是同学们常问的问题。认识一个新朋友要从了解对方开始，历史也是如此。其实历史就像一位经验丰富且幽默有趣的老者，我们不妨耐心一点，慢慢地和历史"交个朋友"。

学习历史最重要的就是兴趣。怎样培养学习历史的兴趣呢？其实很简单。历史看似都是长篇大论，实际上只要掌握逻辑、时间、事件、人物等线索，学习历史就像听故事一样，只需要我们提取其中的重点信息作为知识点来记忆。

最常用的历史学习方法有三种。第一，费曼学习法，也就是我们常说的知识内化法。把自己正在学习的知识点用通俗易懂的语言教给其他人，这就是知识内化的过程。如果想要把一个知识点给别人讲明白，首先得自己学会这个知识点并不断反复打磨，直到知识内化于心。第二，年代记忆法。以某个重要的历史事件发生的年代为基点，找出这个年代所发生的其他重要历史事件，并找出这些历史事件之间的因果关系加以联系记忆。第三，整理归纳法。通过表格、思维导图、左图右史等形式，采用对比的方法把知识点整理出来，清晰明了，更加便于记忆。

学好历史就好比学到了传说中的武功秘籍，总有一天会有用武之地。历史长河中记载了数不尽的人物逸事，内容浩瀚无际，各种历史线索更是错综复杂。想和历史"交朋友"其实不难，重点在于掌握好科学正确的趣味学习方法。

本书章节内容以科普知识、开拓视野、趣味引入为主，从单一的"科普书"化身为有趣有料的"课外读物"。以中国历史的朝代更迭为主线，选取每个朝代中的重要事件以及具有特色的历史人物来展开探索，引导读者循序渐进了解历史，从历史中探索新世界。

　　希望读者朋友们能够在历史学习的过程中汲千古之智，学会感受历史的独特魅力和它独有的思想力量。

　　接下来，让我们一起走进"看一眼就记得住"的趣味历史中，边学边和历史"交个朋友"吧！

目录

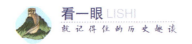

第三章　分裂与动荡：从秦汉到北魏的统一之路

第一章

起源与演变：

早期人类如何发展出文明社会？

1 化石：人类文明的见证者

我们所说的"化石"一般指的是古代生物的遗骸或遗迹埋藏在地层中，经过漫长的时间被周围沉积物的矿物质所渗入，最后石化留下来的痕迹。其实关于"化石"还有另外两种说法。第一种是"变化为石"，意为变成石头。如《澄江府志》记载，抚仙湖东南方有两大巨石，相传是天上的肖、石二仙因抚仙湖景色秀丽而忘记返回天庭，因此变成巨石。第二种是"炼丹"，没错，就是古代术士擅长的炼丹之术。比如唐朝诗人骆宾王的诗"漫道烧丹止七飞，空传化石曾三转"就是有关化石的记载。

那么从古生物遗骸之说来看，历史上最早发现的化石是植物还是动物？都不是。最早发现的化石其实是距今35亿年的澳大利亚瓦拉翁纳群中的丝状细菌化石。

地球约有45.5亿岁，我们无法想象上亿年的时间里地球经历过多少次生物的起源与灭绝事件。例如恐龙，生活在距今大约2.5亿年至6500万年。为什么会有近乎确切的时间数字？这多亏有化石的帮忙。不论是研究地球的古历史还是研究古人类历史，我们最常见的证据就是化石。

看一眼就要记住的知识点

最早的人类化石有什么作用？

元谋人生活在距今约 170 万年，是我国境内目前已确认的最早的古人类。制造和使用工具是区分人和动物的重要标志。出土的少量石制品、大量的炭屑和哺乳动物化石，说明元谋人是可以制造工具和使用火的早期人类代表。1965 年，这些化石在云南元谋县上那蚌村被钱方、浦庆余等学者发现，后来元谋县被称为"元谋人的故乡"。

北京直立人又称北京猿人或北京人，生活在距今约 70 万至 20 万年，北京人虽然保留了猿类的特征，但是手脚分工明显，能制造和使用工具，会打制石器，会使用天然火。1929 年，在北京周口店龙骨山的山洞里，我国考古学者裴文中发现了第一个完整的北京人头盖骨化石。值得骄傲的是，北京人遗址是世界上出土古人类遗骨、化石和用火遗迹最丰富的遗址之一，可以说北京人是目前为止研究资料最齐全的直立人之一。

1930 年，在北京人遗址顶部的山顶洞里发现了距今约 3 万年的山顶洞人化石。试想一下，为什么在山顶的洞里发现了更晚的人类化石？从生活在树上到离开树木直立行走，从直立人到山顶洞人，他们的生活场所从"外面"到"里面"，体现了智力水平的提升。

"化石"不是一些没有用的石头，正因为有化石的存在，我们才能探索到人类早期的历史，并且它对我们研究其他生物的历史甚至地球历史有着至关重要的作用。

看一眼必须会背的知识点

原始人类制造的工具属于化石吗?

山顶洞人是智人的代表,他们知道住在外面会有被野兽攻击的危险,住到山洞里相对安全,既可以遮风挡雨又有地方储存食物。据考古发现,山顶洞人不仅会打造石器,还有了打磨技术,相比北京人来说更聪明一点,且山顶洞人已经学会人工取火。除了人工取火,山顶洞人还有了爱美的意识,出土的兽皮衣物和饰品证明了这一点。

我国境内大约有70处旧石器时期的遗址,出土的原始人类的化石以及生活用品和工具数不胜数。

1-1　山顶洞人使用的饰品

早期原始人类制造的工具属于化石吗?答案是不属于。化石是自然产物,不是人工产物。原始人类制造和使用的工具掺杂了人类的活动，所以算是文物。文物是通过人类社会活动而遗留下来且具有历史、艺术、科学等价值的遗物。那么化石和文物地位相同吗？它们都是我国珍贵的自然文化遗产，都受到法律的保护，都属于国家财产。

看一眼必须收藏的知识点

任何动物和植物都能形成化石吗？

我国历史上发现年代最早的鸡蛋是距今2800多年的西周鸡蛋，因出土于西周墓葬得名。有人好奇，出土的食物算不算化石？化石的形成至少需要一万年。就目前的发现而言，世界上还有比西周鸡蛋更古老的食物。约旦的黑沙漠地区出土了距今约14400年的烧焦的面包。这种食物年代够久远，属于化石吗？也不属于。

化石最简单的定义就是地球上史前时期生物的遗体或遗迹，重点在"生物"二字。那么如果达到一定的时间条件，任何动物和植物都能形成化石吗？

生物能否形成化石存在很多因素，并不是任何动物或植物都能形成化石。动植物的构造、生存环境及死后是否受到风化、腐烂或碎裂等不确定因素的影响都与其能否形成化石有密切关系。例如，埃及金字塔里的木乃伊不属于化石，因为木乃伊不是被保存在沉积物中。为什么煤、石油和天然气被称为化石能源？因为它们是由动植物的残体经过长时间的地质作用所形成。

看一眼
就要懂的历史常识

1-1　我国境内的原始人群常识表

原始人群	距今年代	地点	生产活动	地位/特征
元谋人	约170万年	云南省元谋县	会制作工具，知道使用火	元谋人是我国境内目前已确认的最早的古人类
北京人	约70万至20万年	北京周口店龙骨山	制造和使用工具（打制石器）；使用天然火，并会保存火种	具备了人类基本特征，但仍保留了猿类的基本特点
山顶洞人	约3万年	北京周口店龙骨山山顶	会人工取火，掌握磨光和钻孔技术，有爱美意识	模样和现代人基本相同
生活特点	1.过着集体生活，工具公用，共同劳动，共同分配食物 2.分工明确，没有固定居住地点，没有文字，用口头传承的方式传播知识和经验			

2

原始居民住房发展史

在我们的印象中，原始人的形象就是穿着树叶或兽皮做的衣服，手持简易的石制工具，蓬头垢面，交流靠声音、手势和面部表情。他们一般居住在山洞里，在没有火之前只能吃生肉、野果等食物充饥，后来会使用火才开始吃熟食。从猿人到智人，随着更聪明的人类出现，原始人类的生活方式也发生了翻天覆地的变化。

看一眼必须收藏的知识点

原始人类的建筑也分南北方款

比起山顶洞人，半坡人的智慧更胜一筹。山顶洞人还居住在山洞里的时候，半坡人已经学会了盖房子，他们居住的是半地穴式圆形房屋。这种房子的建造方式很简单，一部分深入地下，屋身主要由木头作立柱，内屋有灶炕，既可以居住也可以用来储存粮食。北方地区寒冷干燥，这种建筑不仅冬暖夏凉，还能抵挡野兽的侵袭。

1-2　干栏式和半地穴式圆形建筑样式图

河姆渡人居住在南方，典型的房屋是干栏式建筑，也就是两层的小楼房，一楼用来养牲畜，二楼住人。跟半坡人的半地穴式圆形房屋比，干栏式房屋的主要作用是通风防潮，能够让河姆渡人躲避野兽的袭击。

半坡人和河姆渡人分别生活在黄河、长江流域，主要原因是沿河气候温暖湿润、水源和食物充足，适合人类居住。从半坡人和河姆渡人的生存环境可知，人类的生产生活必须顺应自然的规律，他们的房屋建筑巧妙，做到因地制宜，科学合理，为生产生活的进一步发展奠定了重要基础。

看一眼必须会背的知识点

原始人类丰富多彩的生活

半坡人是晚期智人的代表，半坡遗址比河姆渡遗址早20年被发现。1953年的春天，该遗址在陕西西安浐河东岸被西北文物清理队发现。

根据考古发现，半坡人会使用传说中由神农氏发明的农具耒耜，也是世界上最早种植粟的人类，此外他们还会使用捕鱼的工具如石刀、箭头等。半坡人还会饲养家禽，会制作彩陶、纺线织布、制作衣物等。

1-3　河姆渡遗址出土的猪纹陶钵

比半坡人更先进一点的是河姆渡人，他们是智人中的"现代人"，生活在距今约7000年的浙江余姚河姆渡村，这个时期是我国南方早期新石器时代。1973年的夏天，当地农民在建设排涝工程挖土掘地的时候发现了河姆渡遗址。

据考古发现，河姆渡人在生活中已经会使用船、筏等工具载人载物。他们栽培水稻，饲养猪、牛等牲畜，还学会了挖井。考古学者还在河姆渡遗址发掘出了我国境内较早的漆器。河姆渡人制作的陶器比半坡人更精致，水准更高。

1-2　半坡居民和河姆渡居民原始生活对比表

氏族遗址	距今年代	地点	生活区域	生产工具和作物	房屋样式	手工业
半坡遗址	约6000年	陕西西安半坡村	黄河流域	磨制石器，粟	半地穴式圆形房屋	制作彩陶、乐器，会纺织制衣
河姆渡遗址	约7000年	浙江余姚河姆渡村	长江流域	磨制石器、耒耜，水稻	干栏式房屋	制作黑陶、玉器、乐器骨哨；懂雕刻技术，会使用天然漆

3　炎黄部落中谁是最强"发明王"？

　　距今5000至6000年，我国进入了部落联盟时期，主要生产活动地点在黄河流域。其中，较大的部落是炎帝、黄帝和蚩尤的部落。他们之间相互杀伐又相互合并联盟，经过传说中著名的阪泉之战、涿鹿之战后，黄帝部落联合炎帝部落攻灭蚩尤部落，成为中华民族的前身。梁启超曾在《饮冰室合集》中提到"华夏民族，非一族所成"。中华民族是多元化的，是错居杂处的多民族在不断来往交流的过程中逐渐融合产生的。

看一眼必须会背的知识点

炎帝——历史上最早的"鲁滨逊"

　　历史上最早的"鲁滨逊"非炎帝莫属。"炎帝"，号神农氏，他因为懂得用火而得到王位，所以被称为炎帝。关于他的传说，最著名的就是"神农尝百草"。炎帝看到人们生病，于是亲自尝百草

寻找药草，虽多次中毒，但他都神奇地化解了这些剧毒。炎帝发誓要尝遍世界上所有的草，最后因吃到断肠草而去世。但是，炎帝被称为"神农"并不是因为他尝百草，而是因为他推动了人类历史上最重要的产业——农业的发展。

据说，曾有一只鸟嘴里衔着种子，吐在炎帝身边，炎帝捡起来后认为这是上天赠送的食物种子，于是就把种子埋在土地里。为了方便松土，炎帝又发明了农具耒耜。随后炎帝便开始教人们开垦耕作，挖井灌苗，还发明了生产工具，种植了五谷和蔬菜。丰收后，人们为了纪念炎帝的功绩，称他为神农，其部落被称为神农部落，炎帝被称为神农氏。

除了制作陶器、发明纺织、煮盐，炎帝还教人们交换物品，形成早期的物物交易活动。从半坡文化和仰韶文化遗址中出土的大量彩陶、陶罐和尖底瓶可见当时制陶技艺之高超。

看一眼就要记住的知识点

黄帝——远古部落的"全能王"

"黄帝"这个名字的由来有两个方面的原因。第一，黄帝和炎帝被尊崇为中华民族的人文初祖，黄帝有土德之瑞，即为大地的功德，又因当时人们尚黄，所以称为黄帝；第二，按卜辞记载的规则，生前称王，死后称帝，"帝"表示大功德之人。黄帝所在的部落居于天下之中央，又因土皆黄色，故称中央之上为黄，自称为黄部落，而"帝"则是后人加上去的尊称。

当炎帝还在制作乐器和最早的天文历法时，黄帝已经能建造宫室以避寒暑。黄帝建造的宫室是我国宫殿建筑史的开端，为我国古代建筑的发展奠定了基础。不仅如此，黄帝教人们制作衣裳、挖掘水井、制造船只、炼铜，还发明了弓箭。

黄帝是皮衣和布衣的创造者，对我国的服饰文化有重要的贡献。挖井、造船的技术极大地促进了我国水利事业和农业的发展。黄帝时期能人众多，最为著名的有仓颉（造字）、伶伦（制作音律）、隶首（发明算盘）、螺祖（缫丝）等。

炎帝和黄帝的发明并不是他们个人的功劳，任何一项发明都是经过前人长期积累实践的结果。之所以把发明的荣誉都归为炎帝和黄帝的功劳，是因为炎帝和黄帝被尊崇为中华民族的人文初祖，他们就是部落族群的化身，因此成为众多发明的代表。他们的发明在中华民族形成初期乃至进一步发展过程中都起着重要作用，炎黄二人也成为中华文明的开拓者和奠基人。

看一眼
就要懂的历史常识

1-3 炎帝和黄帝常识表

姓名	别称	地位	人物关系
炎帝	神农大帝、赤帝、农皇、药祖、地皇、姜石年	部落首领	听訞（妻子）、精卫（女儿）
黄帝	轩辕氏、有熊氏、帝鸿氏	部落首领	嫘祖（妻子）、嫫母（妻子），少昊（长子）、昌意（次子）
炎帝主要成就	上古时期农业和医药的发明者。炎帝亲尝百草，教人们用草药治病。他不仅发明了耒和耜这两种翻土的农具，还领导人们生产陶器和炊具		
黄帝主要成就	大力发展生产，开始制作衣冠、挖井、造舟车等		

4
历史上有名的六位治水英雄

　　大禹这个人物在历史上首次登场是在"大禹治水"的故事中。传说大禹治水时三过家门而不入，体现了大禹的聪明才智和置个人利益于不顾的精神。历史上除了大禹，我国还有很多治水英雄，他们在不同时代为治水做出了重要贡献。

1-4　帝王道统万年图册·大禹（明代 仇英）

看一眼必须收藏的知识点

春秋战国的治水典范有哪些?

公元前605年,春秋时期著名的水利学家孙叔敖修建了期思雩娄灌区(河南东南部),该灌区被后世称为"百里不求天灌区",后来在公元前597年的时候,他又主持修建了我国最早的蓄水灌溉工程——芍陂(位于安徽寿县南),灌溉面积可达上万顷,令寿县一跃成为楚国的"粮仓"。

著名水利学家西门豹是战国时期的魏国人,曾担任邺令(河北临漳县),他看到辖区内田园荒芜,人烟稀少,干旱缺水,民不聊生,决定引来漳河水灌溉农田,发展农业。于是他先勘察地形,再做科学规划,并组织开凿了十二渠,促进了粮食增产和区域经济发展。

战国时期还有一位伟大的水利学家——李冰。公元前256年,李冰组织修建都江堰水利工程,让成都平原变成"沃野千里",为四川地区的水利发展做出了开创性的贡献。李冰修建都江堰采用因势利导、因地制宜的理念,合理布局规划水利,最终以最小的工程量解决了分水、引水、泄洪、排沙等一系列技术难题。都江堰被称为世界上最伟大的水利工程和生态水利工程的典范,开创了我国古代水利史上的新纪元,标志着我国水利发展进入一个新阶段。

春秋战国水利事业的发展离不开科学的规划和实践。孙叔敖科学治水,通过实践创造了"期思陂"这一旱时能灌、涝时能蓄的先进水利工程,推动了农业生产的发展,为楚国奠定了重要的经济基础;西门豹勘察地形、科学规划,组织开凿十二渠来引漳河水灌溉农田，对粮食增产、区域经济的发展产生了重要影响；都江堰的建造以尊重自然为前提，变害为利，把人、地、水三者高度统一，是迄今为止世界上仅存的年代最久的一项古代水利工程。

看一眼必须会背的知识点

宋元时期黄河灌区的水利设施

1077年，苏轼在徐州当知州。当时黄河决堤，洪水包围了徐州城。苏轼领导城中军民一起增筑城墙、修建黄河木岸工程。1089年，苏轼到杭州任太守，主持修建六井，解决了杭州城居民用水问题。在疏浚西湖的时候，用挖出来的淤泥在西湖上筑成了一条长堤，即"苏堤"。苏轼不仅长期治水，还写了很多水利著述，如《熙宁防河录》《钱塘六井记》《禹之所以通水之法》等。

元代的郭守敬治理过几百条沟渠，最主要的成就是修建宁夏的黄河灌区和规划沟通京杭大运河。1264年，郭守敬到宁夏修复黄河灌区，修主干渠10多条，支渠68条，灌溉的农田有90000多顷，宁夏平原因此被称为"塞外江南"。1271年，郭守敬任职都水监，管理着全国的水利建设，他勘测地形，科学规划，先后主持建成会通河、通惠河，并建成元明清时期的大运河前身。郭守敬科学治水、因法而治，注重实地考察，在原有的水利基础上不断创新，为我国水利事业的发展做出了贡献。

看一眼
就要懂的历史常识

1-4　我国古代六位著名治水人物知识表

姓名	朝代	治水功绩
大禹	先秦	治理黄河水患
孙叔敖	春秋时期楚国	兴建期思雩娄灌区（前605年）、芍陂灌溉区（前597年）
西门豹	战国时期魏国	引漳十二渠
李冰	战国时期秦国	修建都江堰
苏轼	北宋	修建苏堤（西湖长堤）
郭守敬	元	修复黄河灌区（1264年）、沟通京杭大运河（1271年）

5 "失道者寡助"：夏商周政权更替

　　与推举贤明的人作为联盟首领的禅让制不同，世袭制有一个明显的弊端。夏桀的名声不好，嗜酒暴虐，整天劳民伤财，这样的人本来就不适合做君王，只是他身上流淌着夏朝君王发的血脉，因此被推上了炙手可热的王位。

1–5　夏桀以人为坐骑拓片图（山东嘉祥武氏祠石刻）

看一眼必须收藏的知识点

夏商周的灭亡祸起宠妃？

　　大约在公元前1600年，商汤正式举兵讨伐夏桀，史称鸣条之战。夏朝军队大败，夏朝灭亡，商汤建立了商朝。此战商汤胜利的主要原因在于夏桀失去民心，失去了各诸侯国对他的信任，各诸侯国纷纷投奔商汤，并愿意协助商汤灭夏。

　　商朝末代君王帝辛和夏桀一样，都是典型的暴君。从史料记载来看，商纣王的暴政行为和夏桀比起来有过之而无不及。商朝在灭亡前的几十年里至少有上百次不断征伐其他部落。

1-6　妲己害政图（明代 张居正《帝鉴图说》）

　　公元前1046年，牧野之战中殷商大败，商纣王自焚于鹿台，自此延续约600年的殷商王朝灭亡。牧野之战，姬昌之子姬发只有不足5万人的兵力，以少胜多赢了纣王20多万的兵马，最重要的因素在于，纣王暴虐失去民心，将士们临阵倒戈齐心伐纣，那时就注定了商王朝的灭亡悲剧。

前有夏朝夏桀昏庸残暴，后有商朝纣王暴虐凶狠，除此之外，他们的共同之处还有一点，那就是以宠妃为由做了很多残害生命的事情。夏桀宠妹喜，纣王爱妲己，到了周幽王这里，很多史书记载他同样为了宠妃褒姒重蹈了夏桀和纣王的覆辙，也让亡国历史再次上演。公元前771年，姬宜臼的外公申侯勾结犬戎攻打周幽王，西周灭亡。

看一眼必须会背的知识点

夏商周政权更替的时代特征

夏商周的政治统治有四个相同的特点：王权至上、世袭制度、封建等级制度、诸侯割据。

夏商周时期，政治上，进入奴隶社会，世袭制取代禅让制，王权与神权相结合，实行分封制，建立最初的中央到地方的行政管理制度；经济上，青铜铸造业、农业发展迅速，实行井田制，实现了集体耕作；思想上，礼乐制度建立，规范思想，约束行为举止；文化上，甲骨文出现；教育上，学在官府，出现庠、序、校三种教育机关。

夏商周三代兴亡给后世最大的启示是，朝代兴盛的统治者都励精图治，重用人才，比如周武王姬发；而亡国的统治者则残暴昏庸，失去民心，比如桀、纣。不论是统治者还是国家，得道者多助，失道者寡助，只有得民心才能得天下。

1-5　夏商周的产生与发展常识表

朝代	夏	商	周
建立时间	约公元前2070年	约公元前1600年	公元前1046年
建立者	禹	汤	姬发
都城	阳城	亳，后盘庚迁殷	镐京
衰亡	夏桀	商纣王	周厉王：公元前841年，国人暴动 周幽王：公元前771年，犬戎灭周
战争	鸣条之战	牧野之战	—

6

天道神权的代言词：甲骨文

世界上最早的车祸记录被刻在甲骨文上。记载的内容是：癸巳君主来找国师占卜，想问问这几天有没有什么灾祸发生，但是接连几次都没有好结果，国师就劝君主这几天尽量不要外出。但是这个君主是个固执的人，在甲午这天坚持要跑出去打猎。后来大队人马出行，一个随行大臣的马受惊了，横冲直撞地撞上了君主的车，大臣坐的马车的车轴撞断了，君主坐的车直接翻了，并且坐在车上的太子还掉下来了。这是一场比较惨烈的车祸，也是由甲骨文记录下来的历史逸事。

看一眼必须会背的知识点

甲骨文的作用是什么？

商朝是神权信仰丰富的时期，天神的意愿是一切事物的参考，由此诞生了甲骨文。这是我国发现的最早的文字形象，因被刻写在龟甲、兽骨上而得名。1899年，近代金石学家王懿荣首次发现了河

南安阳小屯村殷墟被盗挖的甲骨文，到了1928年考古学者又在殷墟多次发掘，出土了十万多片甲骨。

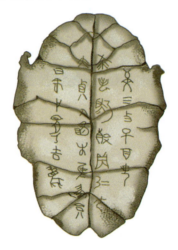

1-7 甲骨文图

甲骨文即商周时期在甲骨上刻写的卜辞和其他占卜的记事文字。比如，商王想知道明天的天气怎么样或者可不可以做一件事情等，都可以利用烧龟甲或牛骨来占卜，说简单点就是把龟甲烧裂，根据上面出现的裂纹（兆）的大小走向做判断。

甲骨文是中国已发现的古代文字中年代最早、体系较为完整的文字，对中国文字的形成与发展具有深远影响。并且甲骨文已经具备汉字的基本结构，很多字体今天也在沿用，是汉字形成与发展的重要阶段。甲骨文的发现以实物形式证实了商朝的存在，目前所知，我国有文字可考的历史从商朝开始。

看一眼就要记住的知识点

甲骨文神奇的五种造字方法

甲骨文是中国已发现的古代文字中年代最早、体系较为完整的文字。目前，甲骨文发现的单个文字在4500个左右，能够识别的有1700个左右，还有一半以上的文字没有被破解出来。

甲骨文的造字方法主要有象形、指事、会意、形声、假借等。象形就是用图形、线条把物体的外形特征给勾画出来；指事是用一种指示性符号表示某一事物或概念；会意是把两个或以上的独体字结合起来表示新的含义；形声用声符来注音，用一个字来表示类别，组成新的字；假借则是借用音近或音同的字去表达和本字没有关系的含义，也就是谐音代替。

看一眼
就要懂的历史常识

1-6　甲骨文的历史常识表

概念	商周时期刻在龟甲、牛、羊等兽骨上的文字
发现	1899年，近代金石学家王懿荣首次发现甲骨文
造字方法	象形、指事、会意、形声、假借等
内容	祭祀、战争、官制、农牧业、医药、天文历法等

7

青灰色的青铜器是因为掉色了？

最早关于青铜的记载是在蚩尤制造兵器的时代。我国最早的青铜冶炼技术**萌芽于夏朝**，到了**商朝**，这种冶炼技术已登峰造极。著名的青铜器有造型雄伟的后母戊鼎和造型精美的四羊方尊，其中**后母戊鼎是迄今出土的世界上最重的青铜器**。

看一眼就要记住的知识点

后母戊鼎——青铜器中的"霸王"

后母戊鼎在青铜史上是霸王般的存在，一般的青铜器撼动不了它的地位。后母戊鼎是商后期（约公元前 14 世纪至公元前 11 世纪）的铸品。它最大的特点就是造型雄伟、纹饰华丽、工艺高超，体现了商朝文化庄严凝重的风格。

后母戊鼎的铸造方式非比寻常，主要采用合范法，即耳朵、身体、足部分别铸成后再合体铸成一个整体，工艺非常复杂，体现青铜器铸造业在当时达到了很高的水平。后母戊鼎也不是一两名工匠铸造而成，而是由两三百人同时操作，这也说明了当时青铜器制造业的规模宏大，组织严密。铸造后母戊鼎的过程反映了商朝工匠的聪明才智以及团结合作的精神，侧面反映出当时国力的强盛。

1-8　后母戊鼎

这么大的后母戊鼎究竟是用来做什么的呢？其实是商王武丁的儿子为了祭祀其母亲铸造的，作用就是祭祀。后母戊鼎在历史上具有重要意义，它不仅是目前世界上出土的最重的古代青铜器，也是商朝辉煌文明的重要象征。

看一眼必须会背的知识点

为什么青铜器的真面目是金色？

　　青铜器一般指由青铜（红铜和锡合金）制造的器具。青铜原本的颜色不是青色，而是金黄色，只不过出土的青铜因为长期埋在土里氧化成青灰色，因此被称为青铜。所以青铜器呈现青灰色并不是因为掉色，而是经过上千年的腐蚀生锈才变成青灰色，说明很久没有清洗过了，并不是掉色。这为青铜器增加了一层"保护色"。考古学里把使用青铜器作为人类文明发展的阶段性标志，原因在于金属具有易腐蚀的特性，而青铜器遗存了近四五千年，这种情况的金属是为数不多的。

1-9　三星堆青铜面具

　　关于青铜文化，影响最大的还有我国西南地区的成都平原发现的范围最大、出土文物最精美、延续时间最长、文化最丰富的三星堆文化遗址。这个遗址属于古蜀国都邑，时间从新石器时代延至商朝末年周朝初年，跨越了近2000年。早在1986年的时候还出土了两个商朝祭祀坑，其中发掘了上千件精美的珍贵文物。我国最早发现也是最大的青铜立人像就出土于此，在这里出土的还有青铜面具、青铜神树等造型奇特的文物。

看一眼必须收藏的知识点

如何定义青铜时代

什么是青铜时代呢？只要有青铜器出现的时期就能称为青铜时代吗？其实这种说法不对。青铜器出现在人们的生产生活中，并且得到广泛运用，这才是青铜时代的特征。但偶然地制造和使用青铜器是不能认为这一时期就等同于青铜时代，比如大禹铸造九鼎只是偶然，青铜并未得到广泛运用，所以认为只要有青铜器出现就能称为青铜时代是一个极大的误区。

青铜器在商朝出现了很多的品种，根据不同的功能被广泛运用。比如有盛器青铜匜、酒器青铜尊、兵器青铜钺、食器青铜鼎、乐器青铜钟，还有青铜农具等。再后来，青铜器被用作礼器，在周朝等级严格的分封制和宗法制下，礼器的类型和数量反映了权力的大小和严格的等级界限。

看一眼
就要懂的历史常识

1-7 青铜器历史常识表

用途	祭祀、饮食及军事等
功能	从用器（食器）发展到礼器
铸造工艺	采用泥范铸造法
典型代表	后母戊鼎、四羊方尊、三星堆青铜面具、毛公鼎等
发展历程	出现在原始社会后期，距今5000至4000年，商周时期达到鼎盛
特点	1.制作技术高超，生产规模大，产品质量高 2.数量多，种类丰富，用途广泛 3.刻有文字和图案，具有很高的研究价值

8

周平王为什么要迁都？

西周灭亡后，诸侯重新拥立太子姬宜臼为王，就是周平王。他干了一件明智的事情，那就是迁都洛邑。迁都洛阳并不是周平王自己的想法，这一切都是周武王生前就筹谋考虑好了的。周武王在位的时候，都城定在镐京（今陕西西安）和洛邑（今河南洛阳）。镐京也是后来的秦都咸阳、汉唐都城长安的前身，而洛邑是洛阳的前身。

1-10　周平王像

看一眼必须收藏的知识点

周平王迁都洛邑——春秋战国的起源

历史上把周平王迁都洛邑这件事看作周朝国势的转折点。最初

迁都的原因是，镐京受到戎、狄等外患威胁，且以前发生地震时都城受到严重损害，残破得接近废墟。周平王想，反正洛邑也是备选都城，干脆就迁都到洛邑去。

从神权之说来看，周平王迁都最大的原因就是自然灾害频发，那个时代的地震是一个国家兴亡的预兆，周朝的太史官都认为地震是周朝将要灭亡的征兆。从战争方面看，申侯为了拥立外孙姬宜白也就是周平王继位而与犬戎勾结，导致引狼入室，犬戎烧毁宫殿，掠夺财宝，还侵占土地。西周名义上已经灭亡了，再叫西周也不合适。周平王迁都后历史上称为东周。东周的前期就是春秋时期，那个时期的周天子势力衰微，各诸侯争相称霸，后期又因为各诸侯相互杀伐，被称为战国时期。

周平王迁都洛邑的历史意义在于开启了西周国家的地缘和政治重新构建的过程。周平王东迁洛邑的决议催生了新的政治对抗，产生了新的社会关系，从而改变了西周后五百年间的政治走向，但洛邑作为当时的经济文化中心，迁都洛邑也有利于经济的发展和文化的传承。

看一眼必须会背的知识点

历史上其他迁都洛邑事件

历史上共有四次迁都洛阳。第一次是公元前770年，周平王东迁洛邑；第二次是公元25年，刘秀起兵称帝，为汉光武帝，史称后汉，定都洛阳；第三次在公元495年，魏孝文帝从平城迁都洛阳；第四次是公元684年，武则天改东都洛阳为"神都"。

洛邑即今天的洛阳，不仅是国家首批历史文化名城，还是我国"一带一路"的重要城市。"洛阳居天下之中"，这也是它成为众多统治者心仪都城的原因。我国历史上先后有13个王朝在这里建都，它也是我国建都最早、历时最长、建都朝代最多的城市。

看一眼
就要懂的历史常识

1-8　周平王迁都洛邑的原因总结表

迁都洛邑的原因	1.政治上，周朝势力衰弱，为了遏制诸侯的势力，迁都洛邑控制全国局势 2.经济上，地处中原，洛阳地理位置优越，自然资源丰富，有利于经济的发展 3.军事上，申侯勾结犬戎烧抢镐京，且镐京距离戎、狄等外患近，外来威胁大 4.文化上，洛邑作为当时的文化中心，迁都有利于文化的传承和发展 5.外因上，镐京曾发生过地震，城池已经残破不堪

第二章

建国与安邦:

西周宗法制到春秋战国百家争鸣

1

分封制的出现是福还是祸？

　　夏商时期的政治制度，王权方面实行王位世袭制，其特点是王权神授，通过占卜来决定国家的大事。分封制早在夏商时期就已经存在，在西周时期得以完善并运用，特点是层层分封，由天子把土地和人民分封给诸侯，并且诸侯可以在自己的领地设置官员，建立武装，甚至自主管理征派赋役等事务。分封制是我国古代政治秩序的基石，大约存在了八百年才瓦解。

2-1　分封制等级示意图

看一眼就要记住的知识点

什么样的人可以享受分封？

干活儿的时候是大家一起干的，但是分地的时候却不一定全部人都能分到。这就是分封制的弊端。在西周时期，不是随便什么人都能被封为诸侯，分封的对象是有严格规定的，一般有三类人可以享受分封。

第一类分封的人是周天子同姓同族的亲戚。最直观的代表人物就是周武王的兄弟们，其中周公旦被分封到鲁国，但武王死后由他摄政辅佐周成王，于是让自己的儿子伯禽代替自己去了鲁国。其他还有卫、燕、晋等国家都是武王姬姓封国。

2-2 周成王桐叶封弟图（清代 冷枚）

第二类是建国功臣，首要的人物就是大家熟知的姜太公，当时被周武王分封到齐国。后来的齐桓公姜小白就是继承了姜太公的这个分封国。说是功臣，有时候比亲属关系还靠谱，这点周武王也明白。齐国不仅是封国，还得到了周武王特别赋予的征伐之权，换句

话说，哪个诸侯国不听话，齐国可以代替周武王收拾他们。

第三类人的分封在意料之外又在情理之中，他们就是先代贵族的后裔。周武王分封尧舜禹的后代可以理解，毕竟都是贤人之后，但他接下来的操作让人大吃一惊。周武王伐纣后，没有伤害纣王的子嗣，反而把纣王的儿子武庚分封到殷，把纣王的哥哥微子启分封到宋国。

看一眼必须会背的知识点

分封制是诸侯国壮大的机会

分封制不是随便分封地区，这种制度是阶级式的，层层分封，等级森严。最高的等级就是天子，接下来是诸侯、卿大夫、士、平民、奴隶。

分封制有严格的规定，诸侯国并不是脱离周王朝的存在，而是必须服从周天子的命令。诸侯国不仅有责任守护疆土，还需要承担缴纳贡税、治理封国、觐见述职等义务，其实就是定期去汇报工作，表明永远臣服周天子的忠心。

诸侯的工作看似忙碌劳累且严格，可为什么说分封制是诸侯国壮大的机会？

分封制的目的是巩固周王朝的统治，维护奴隶制国家的政权。但存在局限性，受封的诸侯在各自领地内具有相当大的独立性，为王权衰落和诸侯割据埋下隐患。商周的灭亡一定程度上和分封制的弊端有关，根本原因就是封建经济的生产方式让诸侯国的势力日益壮大。

分封制最后为什么会瓦解？西周后期，王权衰弱，分封制受到破坏。特别到了战国时期，很多诸侯国实行变法，废分封、行县制。秦统一六国后在全国范围内实行郡县制，标志着分封制的瓦解。

分封制蕴含了多种分裂割据的因素，到春秋时期，已造成诸侯割据、列国纷争的局面。但分封制也不是绝对失败消极的制度。其积极意义在于加强了周王朝对诸侯国的控制，确立了周天子"天下共主"的地位，使国家朝统一的方向前进。

看一眼
就要懂的历史常识

2-1 分封制历史常识表

内容	1.分封对象包括王公贵族、功臣、先代帝王的后代 2.义务上，服从周天子的命令，镇守疆土、随从作战、缴纳贡赋、朝觐述职 3.权利上，职位世袭，管理封地和人民，诸侯可以在自己的封地内再次分封
作用	分封制维护了周王朝对地方的控制，稳定了政局。不仅确立了周王朝的社会等级制度，还开发了边远地区，扩大了统治区域

2 宗法制：一种比谁身份更尊贵的制度

分封制和宗法制有什么关系？分封制建立在宗法制的基础上，分封制是宗法制的具体体现。两者都是西周政治制度的两大支柱，互为表里。**宗法制的目的是维护统治秩序，解决贵族之间在经济、政治和土地继承上的矛盾。**

看一眼必须会背的知识点

宗法制决定了什么样的人有继承权？

宗法制其实就是靠血缘关系来排列等级，分配政治权力。既然涉及等级，怎样挑选世袭继位的人才合适呢？这不，为了解决这个问题，又出现了一个嫡长子继承制。意思是论血缘，谁的身份最尊贵谁来继承。嫡子就是正妻所生的儿子，长子就是第一个儿子，那么嫡长子继承制就是正妻所生的第一个儿子有优先继承权。

2-3　宗法制示意图

如果嫡长子去世，其他的嫡子或庶子有没有机会继承？答案是肯定的。比如，嫡长子去世，首先考虑的是嫡长孙，如果嫡长子没有儿子，这个时候可以考虑嫡子中的二儿子。如果嫡长子只有一个，且没有其他子嗣和嫡子兄弟的情况下，才轮到庶子。而且"嫡长子"制度中有三个字，最后一个字是"子"，也就是只有儿子才有资格继承，女儿没有继承权。

看一眼必须收藏的知识点

什么是大宗小宗？

嫡长子继承制中，世袭的嫡长子被称为"宗子"，主要管理本族的祭祀、成员及其他事务，他们也是贵族阶层的代表。在宗法制下，宗族被分为大宗和小宗。以周天子为天下大宗，分封的各同姓

041

诸侯国为小宗。但在诸侯国自己的国内,诸侯则是大宗。

宗法制的核心原则就是嫡长子继承制。周公执政七年后"致政成王"是西周嫡长子继承制确立的重要标志。大宗,指的就是嫡长子一脉的传承体系。

宗法制的影响在于促进了分封制的发展,促进专制社会的形成,很大程度上稳定了小农经济的发展,也维护了社会秩序,更重要的是维系了家族传承。宗法制形成于西周时期,在西周末年逐渐瓦解,但它的影响贯穿历史长河,延续了几千年,甚至到今天都有它的身影。

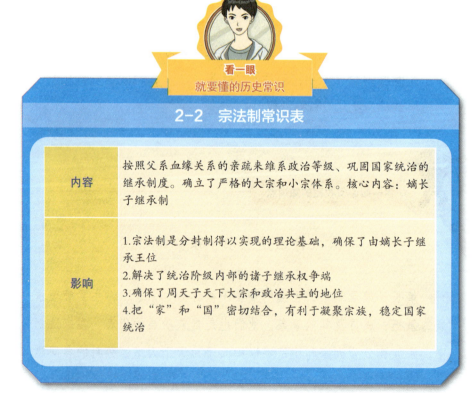

看一眼
就要懂的历史常识

2-2 宗法制常识表

内容	按照父系血缘关系的亲疏来维系政治等级、巩固国家统治的继承制度。确立了严格的大宗和小宗体系。核心内容:嫡长子继承制
影响	1.宗法制是分封制得以实现的理论基础,确保了由嫡长子继承王位 2.解决了统治阶级内部的诸子继承权争端 3.确保了周天子天下大宗和政治共主的地位 4.把"家"和"国"密切结合,有利于凝聚宗族,稳定国家统治

3

井田制:"普天之下,莫非王土"

　　我国古代社会的土地国有制在在商朝就已开始实行,就是将国有的土地划成方块,阡陌交通,纵横交错,远看就像"井"字,故而称为"井田"。这种制度到西周的时候发展成熟,说是国有,其实就是归周天子所有。

看一眼必须收藏的知识点

公田和私田该怎么耕种?

　　井田制被称为乌托邦式的理想制度,把一块田被分为"井"字形的九块,其中外围的八块由八户人家分别来耕种,叫私田,中间还有一块公田是由八户人家共同耕种,公田的耕种收获全归所属封地的贵族所有。

　　井田制不是一个平等的交易。最中间的土地往往是最肥沃的一块地,属于贵族和奴隶主,并且农民要先把王公贵族的地耕作完成才能去耕作自己的田地。随着冶铁业的发展,铁器代替青铜器更广

泛地推广到农业生产当中，尤其是铁犁配合牛耕大大地提高了农业生产的效率，男耕女织的局面也逐渐形成。

2-4　井田制示意图

井田制的历史影响：第一，是我国第一个土地公有制，也是奴隶社会向封建社会演变的表现；第二，推动了当时的土地勘测技术，促进了土地测量工具的产生和农具的发展；第三，让流民也有了可以自己耕种的土地，维护了社会安定，缓和了阶级矛盾；第四，确立了男性在家庭中的主导地位。

看一眼必须会背的知识点

井田制为什么被淘汰？

井田制的作用在于既巩固了周王朝的统治，又促进了农业生产的发展，使我国奴隶社会进入强盛时期。为什么井田制到春秋后期瓦解了呢？根本原因是社会生产力的提高。随着铁犁牛耕的出现以及广泛运用，耕地面积被开垦得越来越多，而井田制这种集体劳动经济就过时了，自然而然地被历史淘汰。

井田制产生的背景有三个方面：第一，社会生产力低下。在商朝，由于缺乏先进的农业生产工具，为了扩大产量，集体劳作应运而生。第二，王权的兴起。商朝建立后，王侯贵族势力不断增强，他们将土地分封给同姓诸侯和自己的至亲，形成了分封制。这导致大部分土地掌握在贵族手中，无地的庶民只能流离失所，沦为奴隶或王侯的家仆。第三，土地私有制度的出现。井田制本质上是一种土地私有制度，领主不得买卖和转让井田，还要交一定的贡赋。这种制度下，土地分配不平等，贵族和奴隶主拥有大量土地，而庶民只能分配到有限的土地。

井田制的产生是服务于贵族统治者，对于庶民耕种者来说，虽然有地可耕，但大部分土地都归贵族所有，随着铁犁牛耕的出现，井田制被瓦解，庶民只能靠给贵族耕种土地或者高税租种等方式维持生活，受到了极大的剥削和压迫。

2-3　井田制历史常识表

性质	土地国有制度（实际上是周天子私有制）
发展历程	商朝产生，西周盛行，春秋时期瓦解，战国时期被废除
内容	1."普天之下，莫非王土"，一切土地都属于周天子 2.周天子分或赐给诸侯臣子的土地，受田者可以世代享受，但不得转让或买卖，并且要交纳贡赋 3.一块田被分成九份，中间最肥沃的一块为公田，归贵族和奴隶主所有，其余八块为私田，八户农户享有耕种权，但每次都要八户一起把公田耕作完才能耕作私田

4 商鞅变法：古代变法改革运动的代表

商鞅是卫国人，法家代表，思想受到李悝和吴起的影响。最初，商鞅在魏国的国相公叔痤那里工作，公叔痤看出商鞅有才能，于是在自己病重时推荐商鞅给魏惠王，但是魏惠王没有理会公叔痤的话。倘若商鞅成功在魏国得到重用，统一六国的国家就未必是秦国了。商鞅离开魏国后投奔了秦孝公，他得以开展变法就是因为秦孝公的支持，而秦国在秦孝公手里崛起也离不开商鞅，君臣互相信任，故而大业有成。

看一眼就要记住的知识点

商鞅的两次变法有什么不同？

春秋战国时期，诸侯纷争，是一个大动乱、大发展、大变革的历史时期。随着铁犁牛耕的进一步推广，社会生产力水平不断提高。当时的秦国实力落后于六国，秦孝公十分渴望通过变法实现富国强

兵的目标。变法不是一家独有，诸侯各国变法改革为商鞅变法提供了丰富的经验教训。

商鞅第一次变法是在公元前356年，以厉行法制、强化君权为目的。主要内容是实行什伍连坐法，五家编为一伍，十家编为一什，什伍之间可以互相告发，同罪连坐，并且轻罪重刑；推行小家庭制度，强拆大家庭，即官方强制分家，如果一家有两个成年男子，不分家的话就要加倍征收赋税；重农抑商，奖励耕织；奖励军功，平民可以因功拜爵；焚烧儒家经典，等等。

2-5　商鞅方升图

公元前350年，商鞅第二次变法，以设立新制度为重点。主要的内容是废井田、开阡陌，废除奴隶制土地国有制，实行土地私有制，允许自由买卖，统一征收赋税；实行县制，废除分封制，官员由君主任免，实行中央集权；统一度量衡；把都城由雍（今陕西凤翔）迁都咸阳（今陕西咸阳）；禁止父子兄弟同室居住，革除戎狄风俗，等等。

商鞅两次变法的最终目的就是使秦朝实现富国强兵，后来秦国统一六国建立封建王朝，也证实了商鞅的变法是有积极作用的。

用一个词形容商鞅，那就是"杀伐果断"。太子驷触犯法律，商鞅铁了心要治太子的罪。因为太子是周君的后代，不能对他施刑，商鞅就把太子驷的老师公子虔拉出来顶罪，并对公子虔用了劓刑，就是挖掉公子虔的鼻梁。公元前338年，秦孝公死后，太子驷继位为秦惠文王。公子虔诬陷商鞅谋反，秦惠文王本就对商鞅有意见，因商鞅在百姓中的威望超过自己，再加上自己的老师曾因自己犯错受到牵连，被商鞅处以酷刑，因此，秦惠文王也不为商鞅辩解，借机杀了商鞅。

看一眼必须收藏的知识点

为什么商鞅变法成效最大？

各国变法中，商鞅变法的成效最大。首先离不开统治者的大力支持；其次，商鞅不畏权贵、信念坚定，其变法循序渐进、涉及面广；最为重要的是商鞅吸取李悝、吴起等人的变法经验，根据秦朝的实际情况实行变法，顺应了历史发展的潮流，因此为秦国后来统一六国奠定了坚实基础。

商鞅变法的影响：积极方面，商鞅变法推动了秦国的经济发展，废除分封制，建立了中央集权制，增强了军事实力，实现了富国强兵的目的，为秦国的统一奠定了基础；消极方面，商鞅变法实行什伍连坐，轻罪重罚，不仅轻视教化还实行文化专制和愚民政策，这些在一定程度上阻碍了秦朝的进一步发展，也为后来秦的灭亡埋下了隐患。

商鞅为何下场惨烈？主要是因为商鞅重法，重视法律条文的制

定和执行。他主张专任刑法而欲以致治，最重要的是商鞅强调人人平等，不别亲疏，不殊贵贱，一视同仁。这是最早的依法治国的思想，但那个时代还是奴隶社会，阶级等级森严，怎么可能凭商鞅一句话就真的不分贵贱亲疏？如果商鞅的变法稍有宽容之处，即实施一种合乎情理的变法，也许会有更大的成就。

看一眼
就要懂的历史常识

2-4　商鞅变法的内容常识表

主要内容		
	政治	1.确立县制，由国君直接派官吏治理 2.废除贵族的世袭特权 3.改革户籍管理制度，加强对人口的管理 4.严明法度，禁止私斗 5.实行什伍连坐法，同罪重罚 6.强制推行个体小家庭制度，一户不能有两个成年男子，强制拆分大家庭，父子兄弟不能同室而居
	经济	废除井田制；统一度量衡；重农抑商；奖励耕织，生产粮食、布帛多的人可以免除徭役
	军事	奖励军功，对有军功的人授予爵位并赏赐土地
	文化风俗	焚烧诗书；革除残留的戎狄风俗

5

争霸称雄时代的诸侯创业史

春秋时期，周王室名义上还是天下共主，其实早就名存实亡。诸侯征伐不断，天下乱成一锅粥，周天子也没有能力管理。公元前376年，韩、赵、魏三家废掉晋静公，把晋王室仅剩的土地全部瓜分，历史上称为"三家分晋"，这一事件的发生成为春秋末期和战国初期的分水岭。

看一眼必须会背的知识点

春秋五霸和战国七雄

历史上的春秋霸主有齐桓公、晋文公、楚庄王、秦穆公、吴王阖闾、越王勾践。春秋首霸齐桓公去世后，诸侯霸主的位子一时之间还没有人坐。宋襄公可以说是第二个"称霸"的霸主，只不过他不是靠征伐闻名。宋襄公仗义相助齐孝公的故事在诸侯国流传，宋襄公自以为出了名，就效仿齐桓公召开诸侯大会，想确立霸主的地

位，但由于实力弱小，宋襄公自己当场被楚国拘禁。

2-6　春秋五霸图

　　战国七雄指的是战国时期七个实力雄厚的诸侯国，分别是秦国、楚国、齐国、燕国、赵国、魏国、韩国。前面三家秦、楚、齐是春秋时期登场的老前辈，后面四家是战国时期初登大舞台的新面孔。诸侯争霸本质上是奴隶主的掠夺之战。原因在于当时的政治和经济发展不平衡，各国经常为了利益展开争斗。

2-7　战国七雄图

看一眼就要记住的知识点

春秋战国为什么出现诸侯割据纷争的局面？

春秋战国时期是各国统治者争当霸主的时期，战国是诸侯国纷争的时期。这一时期诸侯争霸割据的根本原因是铁犁牛耕的使用，社会生产力提高。但政治和经济发展不平衡，各国为了利益展开争斗，势力强大的诸侯国为了争当霸主进行征战。

春秋战国时期诸侯争霸的影响在于：弱小的诸侯国被势力强大的诸侯国灭掉，而强大的诸侯国疆土不断扩大，一定程度上有利于局部统一。虽然诸侯争霸的战争给社会带来了灾难，但也促进了各民族的经济发展和民族交融。

看一眼
就要懂的历史常识

2-5　春秋战国诸侯争霸常识表

春秋霸主	齐桓公、晋文公、楚庄王、秦穆公、宋襄公（孔孟说） 齐桓公、晋文公、楚庄王、吴王阖闾、越王勾践（墨荀说）
战国七雄	齐、楚、燕、韩、赵、魏、秦
春秋与 战国	春秋从公元前770年至公元前476年，为东周前期，奴隶社会瓦解时期。战国从公元前475年至公元前221年，为东周后期，封建社会形成时期

6 孔子：敢于打破阶级界限的 伟大教育家

孔子是春秋时期的鲁国人，儒家学派的创始人，被称为至圣先师。一般人印象中的孔子是一个温文儒雅的小老头，其实并不是这样。据《史记》记载，孔子身高最少有一米九，而且能文能武。这样的孔子，就算周游列国遇上危难的事情，也可以先礼后兵，摆脱困境。反正能用嘴劝解的就不用动手，真到了动手的地步，他也未必会输。

2-8　孔子像

看一眼就要记住的知识点

孔子办私学——只要学费够，庶民也能上学

最早的时候，孔子只是管粮仓和放牧的小官，但他小时候就熟悉很多传统礼制，后来又因为知识渊博出名。他中年时期开始收徒讲学，创办了最早的私学，不收学费，只收束脩作为拜师礼，就是十条绑在一起的肉干。

孔子提倡"有教无类"，他提出教育的目的是"学而优则仕"，培养德才兼备的从政君子。孔子所创办的私学的教学内容主要是他编订的"六经"（即《诗》《书》《礼》《易》《乐》《春秋》）和"仁礼"道德教育。其中的弊端是重视理论知识，轻视生产科技教育。

孔子的教育思想对后世影响深远。他创办私学，开创私人讲学之风，打破了"学在官府"的垄断局面；实行有教无类的办学方针，首次打破了阶级地位的局限，扩大了受教育者的范围，满足了平民受教育的愿望，也满足了社会的需要。孔子的教育思想不仅阐述了教育对社会发展及个人发展的作用，强调了教育的重要性，还顺应了历史发展潮流，成为我国教育史上珍贵的思想文化遗产。

孔子周游列国的经费哪里来的？

孔子五十多岁的时候，鲁国各方面都恪守礼法，社会安定，百姓生活幸福。但因自己的政治主张和鲁国的统治者不合，孔子于是辞官，开始周游列国。但孔子周游列国的经费都是从哪里来的呢？

孔子在鲁国做官的时候官至大司寇，一年的工资是六万斗粟米，根本吃不完。况且孔子的得意门生端木赐（子贡）是儒商鼻祖，不仅是孔子三千多学生中的首富，还担任过鲁国和卫国的丞相。子贡时常心疼孔子，对于老师周游列国的行为，他虽然阻止不了，但可以大力支持赞助。

辞官后的孔子，为官多年的工资已经足够养老，为什么一定要去周游列国呢？传说孔子有三千多名学生，最优秀的有七十多个，但周游列国时他只带了部分的学生。他本意是想带着自己的爱徒去其他国家宣传儒家思想，希望志同道合的国君可以重用自己的学生。

为什么孔子的政治主张不被采纳？

孔子主张仁者爱人，"仁"对应的就是道德，比如涉及人际关系方面，孔子觉得要做到"己所不欲，勿施于人"，意思就是不要把自己不喜欢做的事情或思想强加给别人。个人的人际关系如此，国家之间的关系也是如此。国家之间相互尊重才有发展的可能，如果主动去侵犯别人，别人也未必放过你。如果君王不体恤百姓，没有表现出仁德之心，出现"苛政猛于虎"的行为，那也是不仁的。

除了内修的"仁"，孔子还主张外在的"礼"。他所说的克己复礼，意思就是克制住个人的欲望，恢复周朝的礼制。但是春秋后期，诸侯国相互征伐，天下局势动乱，礼崩乐坏，没有人在乎孔子所说的礼制。

正因为有孔子儒家思想的衬托，法家的思想才被那个时代的诸侯所欢迎。乱世中大家都想安身立命，或者说更想活下去，法家可以教人们如何存于乱世，但儒家思想重点在于治世，更适合在统治稳定的时代施行。

看一眼
就要懂的历史常识

2-6　孔子的教育思想常识表

核心思想	"仁"和"礼"，仁者爱人、克己复礼、为政以德等
地位	儒家学派的创始人，思想家、教育家、政治家
教育对象	有教无类
教育目的	学而优则仕，培养德才兼备的从政君子
教育方法	创办私学，因材施教、学思行的结合、不愤不启、不悱不发等
教育作用	社会方面：庶、富、教；个体方面：性三品（上智、中人、下愚）

7

孟子为何是朱元璋最讨厌的人？

史书记载，1372年的某一天，朱元璋正在读《孟子》，还没读完就下令让人把孟子的牌位从文庙扔出去，声明不再承认孟子的历史地位，并且还特别强调"有谏者以大不敬论"。是什么原因让明太祖朱元璋如此暴怒呢？

2-9　孟子像

看一眼必须收藏的知识点

孟子"民为贵，君为轻"的思想

朱元璋讨厌孟子是因为孟子的"君为轻"思想。朱元璋认为自己就是底层人民，辛苦创业打拼才有今天的成就，如果老百姓随随便便就因为不满意当权者而推翻政权，那他辛苦打拼的一切岂不是都打水漂了？再者，孟子只是动动嘴，而他朱元璋可是把脑袋别在裤腰带上打下的江山，不能仅凭孟子的只言片语就把"民"看在"君"之上。朱元璋"君为重"的思想与孟子的思想可谓大相径庭。

孟子不仅继承了孔子的思想，还进一步发展了"民本"思想。在众多思想主张中，孟子并不是强调伦理制度，而是强调"权"。他在《得道者多助失道者寡助》《生于忧患，死于安乐》《君子志道》等文章中宣扬的思想都受到很多人的认同。孟子以"仁政"为基础，改进了传统"重农抑商"思想，他的治国理论，在历史上有着深远的影响。

看一眼就要记住的知识点

孟子认为"性善"是人类独有的特质

和孔子一样，孟子也游历过很多国家去宣扬自己的思想主张。孟子继承了孔子的仁政学说，但因为孔子的思想不太合适乱世，于是他根据当时的历史趋势，提出了自己的政治主张。

孟子主张"性善论"，意思是人生下来就有善良的本性，这种独有的善性就是人区别于动物的标志。他把这种思想放到政治主张中，认为统治者需要施行仁政，重视民众，"民为贵，社稷次之，君为轻"，如果统治者没有仁德，百姓也可以把他推翻。因为孟子的这些主张，很多统治者都对他有意见。

孟子提出教育的目的是明人伦。通过教育来实现"明人伦"，为政治服务。"人伦"即五对关系：父子有亲，君臣有义，夫妇有别，长幼有序，朋友有信。孟子认为人的天性本善，通过教育可培养出崇高的道德品质，即"大丈夫"的人格，"富贵不能淫，贫贱不能移，威武不能屈"。

孟子是我国历史上第一个把"教育"二字连用的人，对后世教育的发展影响深远。他的"性善论"思想对人性向善起重要引导作用，有利于引导人们自觉规范行为道德。

看一眼
就要懂的历史常识

2-7 孟子思想常识表

核心思想	"性善""良知"
仁政思想	1.以"性善论"为理论基础，提出"仁政"的概念 2.经济上主张要"制民之产"，解决民生问题；政治上要以民为本，"民为贵，社稷次之，君为轻"
道德教育	富贵不能淫，贫贱不能移，威武不能屈

8

儒家荀子为什么有两个法家高徒?

百家争鸣的时代，各个学派都在积极为自己的学派思想代言，可为什么儒家的代表人物荀子会有两个法家思想成就很高的弟子?

看一眼就要记住的知识点

荀子的"礼制"是法治的基础

荀子说过"水能载舟，亦能覆舟"。在他的主张里，"礼制"是法治的基础，礼是王道，而法是霸道，如果没有礼制的引导而单纯地使用刑法，只会让百姓们惧怕刑法且引发作乱。春秋战国本就是诸侯纷争的乱世，儒家思想在当时并没有得到大部分诸侯的认可，而荀子的思想本身也提倡法治，因此荀子的两位徒弟韩非和李斯顺应当时的趋势，钻研法治思想，推动了法家思想的发展。

荀子和孟子不一样，他主张"人之性恶"，因为人的欲望是天生带来的，但是后天的环境和教育等因素也可以改变人性。荀子认为教育的作用就是"化性起伪"，他提出的"性恶论"在我国教育史上开创了与教育"内发论"相反的教育"外铄论"。

看一眼必须收藏的知识点

韩非与李斯——师出同门，谁更厉害？

为什么两个结局凄惨的人物能够称为荀子的"高徒"？

韩非被称为法家思想的集大成者，他集商鞅的"法治"、申不害的"术治"和慎到的"势治"为一体，还把道家老子的辩证法和朴素唯物主义等思想融合在法家思想中。这三种思想的作用主要在于，法治是根本，势治是前提，术治就是手段，这三者缺一不成体系，三者合一才是治理国家的有效方法。简单来说，韩非建立的是法家的思想体系，是法家思想的代表人物，被称为春秋战国诸子百家中最后一位"子"。

比起韩非，李斯更注重实践。李

2-10 韩非子像

斯得到秦王的重用，在秦朝统一天下的过程中发挥着无可替代的作用。秦朝的发展离不开李斯所提出的中央集权制的功劳，公元前221年李斯进一步提出了统一文字、度量衡制度、货币、驰道车轨等思想。李斯虽然谦逊地说过，自己的才能比不上韩非，更表示稷下学宫（战国时期高等学府）的上千学子中，论学识的话没有人比得上韩非。但李斯能从众多诸侯国中看到秦国的发展潜能，单凭这一点，李斯就很厉害。

看一眼
就要懂的历史常识

2-8　儒家荀子和他的两个法家高徒思想常识表

人物	荀子	韩非	李斯
思想主张	提出"人性恶"，主张"礼治"和"熔礼法于一炉"	主张治国要靠法令、权术和威势，建立君主专制的中央集权封建国家。强调以法治国，以法为教，以吏为师，禁止私学等	以法治国，维护封建帝制及统治者的专权统治
著作	《荀子》	《韩非子》	《谏逐客书》《仓颉篇》

9

为何说道家老庄二人不适合做官？

老子名叫李耳，道家学派的创始人，有的说他是陈国苦县人，也有说苦县属于楚国，所以他是楚国人。老子最早在周朝任职，负责管理藏室里的典籍，以博学出名，那会儿孔子还特意去周朝找他请教礼制问题。

庄子名周，是战国时的宋国人，道家学派代表人物，和老子并称"老庄"，所以"老庄"不是指一个人，而是指两个人。

看一眼必须收藏的知识点

老子"无为而治"的治国理念是妄言？

老子主张"无为而治"，意思就是最大的作为是不作为。"无为而治"真的是什么都不做吗？并不是。老子的"无为而治"是不要做过多的干预，要发挥民众的创造力。这里的"无为"不是没有作为，而是不要妄为的意思。

2-11　老子像

　　老子提出道法自然，无为而治。他的《道德经》被誉为"万经之王"，是我国历史上第一部完整的哲学著作，对先秦诸子及后世的文化思想都产生了影响。老子认为道的本性是自然的，他把"道"提升到一个哲学的高度，在文化思想上具有划时代的意义。

　　道家的历史地位：政治方面，道家最先提出法、术、势、利、力等概念，从理想主义走向现实主义，并且对传统的法治和法治思想影响深远；军事方面，提出反战论，不得已而战，以奇用兵，以柔克刚。道家思想对哲学、医学、茶道等领域的发展都有巨大影响，在文学方面的影响甚至超越了诸子百家。

庄子——崇尚自由的逍遥第一人

2-12　庄子像

　　楚威王曾经很想召庄子去任职，但庄子崇尚自由，并没有答应他。最早提出"内圣外王"思想的就是庄子，这个思想对儒家影响深远。庄子隐居南华山而被后世称为"南华真人"，其最主要的作品就是《庄子》。这部著作标志着战国时期我国的哲学思想已经达到很高的水平，在文学史上占有极高的地位。

　　"齐物"也是庄子提出的观点，他认为万物齐一，任何东西的本质都是一样的。最经典的典故就是"庄周梦蝶"，庄子因梦见自己变成蝴蝶而深思，到底是他做梦变成了蝴蝶还是蝴蝶做梦变成了

他？思来想去，感叹人生如梦。庄子比起老子更加渴望追求洒脱自由的境界，他觉得人就要无忧无虑，过得快乐，遵从内心，恣意逍遥。

庄子还有一个"鼓盆而歌"的故事。庄子的妻子去世后，庄子没有伤心难过，反而拿起盆敲打，边跳边笑着唱歌，周围人都不理解他的行为，有的人则认为他悲伤过度疯掉了。其实不是，庄子鼓盆而歌表达的是对生死的一种乐观态度。

看一眼
就要懂的历史常识

2-9　老子和庄子的思想常识表

人物	老子（李耳）	庄子（庄周）
思想主张	提出道法自然，主张无为而治	主张顺应自然，提倡无为而无不为
学说	"道""无为而治"、辩证法思想	"道"、追求精神自由、齐物论
著作	《道德经》（《老子》）	《庄子》

10

墨家：技术一流却主张和平

诸子百家都在谈论治世之理时，墨家从其中脱颖而出，专门去研究自然科学理论，并且取得了巨大成就，其影响力延续至今。为什么墨家的科技水平一流却主张和平？

看一眼必须会背的知识点

墨家——赚到俸禄要上交组织

墨家的创始人墨翟（墨子）主张"兼爱""非攻"，意思就是人和人之间应该平等相爱，反对侵略战争。不仅如此，墨家倡导节约思想，反对铺张浪费，主张要重视和继承先辈的优秀文化。但总的来说，墨家最重要的思想核心是研究自然科学。

墨家和诸子百家最大的不同还在于，墨家是一个纪律严明的学术团体，他们把首领称为"钜子"。如果有墨家成员去其他国家当官，推崇的必须是墨家的思想，比如儒家荀子的徒弟韩非和李斯被

2-13 墨子像

称为法家代表，那种行为无疑在背弃本家思想，对于墨家来说是绝对不行的。除了思想观念坚定不移，墨家成员赚到的俸禄必须上交组织，名曰"奉献"。

墨家的思想发展离不开创始人墨翟的个人经历。墨翟本身就从事手工业，精通机械制造，而且墨翟和鲁国的工匠鲁班是好友，当时二人技艺齐名。墨家为各诸侯国的争霸征伐提供了所需的技术力量，赢得了诸侯国的尊重。单从这个条件来看，墨家如果有称霸的野心，早就在诸侯国中有一席之地，但就是这样科技水平一流的学派却到处喊着人和人要平等相爱，侵略战争是可耻的，坚定地传播"非攻"思想。

看一眼就要记住的知识点

墨家在科学技术上的成就

墨翟创立墨家学派后，还提出了几何学、物理学和光学等方面的科学理论，是最早的科学实践者。百家争鸣中，"非儒即墨"的说法很好理解，儒家和墨家思想相当，当时的学者不是文科（儒）就是理科（墨）。

墨子在《墨子·经上》中提出力是物体加速运动的原因，其内容还包含力学和机械设计原理，与两千多年后伽利略、牛顿的理论极为接近。墨子提出朴素时空观，与两千年后爱因斯坦的相对论对应。其中关于几何学说的内容比古希腊欧几里得的《几何原本》还早。在光学方面，《墨子》中详尽记载了小孔成像的原理，以及光的直线传播理念，还对杠杆原理、斜面及滑轮等机械原理有详细注解。

此外，墨家还提出了"明鬼"观点。墨家认为统治者应该相信鬼神之说并且保持警惕之心，不能乱杀无辜，否则就会有报应。由此看来，墨家也并非无神论者，当然，或许这只是墨家利用当时对统治者最有影响的鬼神之说去约束统治者残暴行为的一种做法。

看一眼必须收藏的知识点

什么是墨家"三表法"？

墨家三表法，即本、原、用。"本"指上本之于古者圣王之事；"原"指下原察百姓耳目之实；"用"指发以为行政，观其中国家百姓人民之利。三表法的出发点是唯物主义，根据前人的间接经验、群众的直接经验和实际效果来判断是非，在认识发展史上是一个巨大的进步，但消极性是忽略了理性思维的作用。

墨家思想是我国最早最完整的辩证唯物主义思想。百家争鸣的时代，自然科学并没有较高的地位，墨家解开自然科学之道，又发明创造许多科学理论，这是我国古代科学史上的奇迹。从力学、光

学、几何学、逻辑学等方面去掌握生命的含义，从而认知世界的本原，这是墨家寻求真相、注重实践的宝贵品格，对后世探寻科学奥秘有着重要的影响。

看一眼
就要懂的历史常识

2-10　墨子思想常识表

思想主张	1. 经济上，主张节用、节葬、非乐 2. 政治上，主张兼爱非攻、尚贤尚同 3. 思想上，主张天志、明鬼、非命
教育目的	培养实现"兼相爱，交相利"的"兼士"或"贤士"。而知识技能、思维辩论、道德三条标准就是对兼士或贤士的要求
历史影响	墨家思想是我国最早最完整的辩证唯物主义及辩证唯物论

11 铁犁牛耕：把人从劳动中解放出来

随着社会的发展，科学技术水平的不断提高，农业生产方面大多都实现了机械化。但在一些不方便使用机械的田地里，还是需要传统的方式来耕作。

历史上最传统的耕作方式就是铁犁牛耕，产生于春秋后期，大大促进了农业的深耕细作。铁犁牛耕出现后，生产力得到解放，手工业不断发展，且规模不断扩大，青铜业、冶铁业、纺织业、煮盐业及漆器制造业都随之发展。

看一眼必须收藏的知识点

为什么铁犁牛耕会成为农业生产主流？

人类的生产工具从远古来看，主要有木头、石器、骨末或蚌镰等，用材廉价，硬度不够，还不耐用。后来到了夏商周时期，出现了铜或青铜制造的工具，遗憾的是很少把这些工具用在农业生产

上。因为铜在当时很珍贵，质地软，青铜虽然硬度够了，但它很容易断，质地脆，不适合农业生产。

春秋时期出现了铁，锄头和耙等工具，并被很好地运用在农业生产上，加上铁矿蕴藏丰富，开采方便，做成农具非常好用。唯一的缺点就是容易氧化。

铁犁牛耕的使用和推广是我国农业发展史上的一次革命，使土地利用率和农作物产量显著提高。

看一眼必须会背的知识点

为何春秋时期才出现牛耕？

铁犁牛耕的出现是耕作技术或者说生产工具革新的体现。铁犁牛耕出现的意义在于，用畜力代替了人力，提高了生产效率，促进了农业生产的发展。它是我国农业发展史上的一次革命，把人从劳动中解放出来，不仅促进了农业劳动力的解放和转移，加强了对土地的保护，又减少了人工的干预。总之，铁犁牛耕的出现对我国古代农业发展起到重要作用。

铁犁牛耕打破了井田制的平衡，提高了土地的效率和农民的生产收入。它是我国传统农业文化的重要组成部分，也是我国农业经济发展的重要基础。

我国饲养牛的历史可以追溯到早期的新石器时代，距今一万多年，而春秋时期的牛耕出现在公元前770年左右。这是时代的跨越，也是智慧的跨越。

2-11 春秋时期铁犁牛耕常识表

耕作方式	铁犁牛耕
农业经营形式	集体耕作向小农经济转变
手工业发展	纺织业、青铜业、煮盐业、漆器制造业等
铁犁牛耕出现的影响	1.用畜力代替了人力，提高了生产效率，促进了农业生产的发展 2.是我国农业发展史上的一次革命，把人从劳动中解放出来 3.促进了农业劳动力的解放和转移 4.既加强了对土地的保护，又减少了人工的干预 5.铁犁牛耕的出现对我国古代农业发展起到重要作用 6.打破了井田制的平衡

第三章

分裂与动荡：

从秦汉到北魏的统一之路

秦统一六国的顺序有什么讲究？

战国末期，秦国灭六国之战的顺序是韩、赵、魏、楚、燕、齐，这不是秦王嬴政随意调兵攻伐得以实现的，而是秦王嬴政和李斯、尉缭等人的策略。

公元前238年，秦王嬴政除掉丞相吕不韦和长信侯嫪毐后，亲自操持国政。在众多谋士的协助下，秦王嬴政制定了"灭诸侯，成帝业，为天下一统"的策略，依据远交近攻的原则，笼络燕齐，稳住魏楚，消灭韩赵。

3-1 秦灭六国图

看一眼必须会背的知识点

秦灭六国的"远交近攻"原则

当时韩国的疆域很小，实力最弱，基本上已经名存实亡，因此成为首个被攻打的对象。赵国原本是北方强国，多年来一直北拒匈奴，南抗强秦，但因统治者亲小人远贤臣，不重用廉颇等人，最终被强秦第二个攻破。接下来的魏、楚、燕、齐四国也被采取离间计，甚至被强秦用上离间、暗杀、征伐相结合的策略。

秦能灭六国的原因主要有三点：第一，战国时期诸侯纷争，人民渴望结束战乱，过上安定的生活；第二，通过商鞅变法，强秦实力远超六国，具备了统一的条件；第三，秦王嬴政即位后，招贤纳士，对各国来的人才委以重任，积极听取策略建议。

秦国统一六国结束了春秋战国诸侯割据的混乱局面，建立了我国历史上第一个统一的多民族封建王朝，也实现了奴隶制到封建制的转变，同时为百姓们提供了稳定的生活生产环境，对后世有深远影响。

看一眼就要记住的知识点

秦统一六国后的措施

自秦实现统一后，秦王嬴政自称"始皇帝"，史称"秦始皇"，首创皇帝制度，规定国家的最高统治者称皇帝，而秦统一之前，统

治者只能称王。为了表示皇帝独尊的地位，秦始皇还规定皇帝可以自称"朕"，其命令称为"制""诏"，专属印章称"玺"，且皇帝的名字要避讳。

3-2 秦始皇图

皇权之下，秦始皇废除分封制，实行郡县制，设置三公九卿，确立中央集权制度。为了巩固统一，秦始皇主要采取了统一文字、统一货币、统一度量衡等措施。外交方面，为了加强统一后各地的交通往来，秦始皇下令统一车辆和道路的宽窄，并且修建了贯通全国的道路。

秦王嬴政统一六国仅用了不到十年的时间，从公元前230年攻打韩国到公元前221年灭齐国，结束了春秋以来500多年诸侯割据纷争的局面，秦朝也成为我国历史上第一个统一的中央集权的多民族封建国家。

3-1　秦始皇统一六国常识表

国家	灭亡时间	亡国之君	衰落的原因
韩国	公元前230年	韩王安	疆域小，实力弱；变法不彻底，地理环境恶劣，农业基础差；外交上在奉秦和抗秦摇摆不定
赵国	公元前229年	赵王迁	君主听信奸臣，长平之战国家精锐尽失。遇旱灾，秦军攻破邯郸，赵王被掳
魏国	公元前225年	魏王假	魏国地处中原无险可守，处于地理劣势；人才流失严重；桂陵之战和马陵之战连续战败，国力大伤
楚国	公元前223年	楚王负刍	变法失败，改革受阻，政治腐败且内斗严重；轻视人才导致人才流失严重；外交上决策失误，与多个国家关系恶化
燕国	公元前222年	燕王喜	燕国内部矛盾严重，政治腐败；燕赵两国战争不断，赵国强燕国弱；秦军攻破燕都蓟城
齐国	公元前221年	齐王建	齐湣王昏庸无能，滥用武力灭宋；五国伐齐，齐国"远交近攻"，对秦灭五国坐视不理

2 历史上有几次"焚书坑儒"事件?

如果没有发生"焚书坑儒"事件,很多人也不会认为秦始皇是暴君。是什么样的理由让秦始皇不惜背上骂名也要做这些事情呢?其实我国历史上真正发生过的"焚书"事件有四次。

看一眼就要记住的知识点

"焚书坑儒"是对秦始皇的误会?

秦始皇统一六国后废除分封制,实行郡县制,引起很多读书人的不满。公元前213年,秦始皇采纳李斯的建议,下令把除了秦国文学史籍、医书、农业科技书之外的《诗》《书》经典及诸子百家的书籍全部烧毁。秦始皇这样做是想通过统一思想的方式达到愚民统治的目的。

秦始皇不是第一个烧书的统治者,却是历史上记载的第一个"焚书坑儒"的皇帝,且坑杀的"儒生"数量有460余人。"坑儒"的目的有两种说法,第一种和"焚书"相同,利用坑杀镇压读书人(儒生）不满的声音，以维护皇权统治。第二种，坑杀的不是读书人，而是方士术士。据传秦始皇找来术士求长生不老之法，有两个术士不仅讥讽秦始皇，还带着秦始皇给的巨额求仙资金跑路了，所以秦始皇一气之下坑杀了城中所有的术士。

秦始皇"焚书坑儒"的历史影响：加强了思想控制，从而达到愚民统治的目的；烧毁文学典籍，粗暴否定先秦思想文化。

"焚书坑儒"是暴力的统治行为，为了达到"愚民"目的而抹杀其他思想文化，无疑是思想文化的重大灾难。

看一眼必须收藏的知识点

历史上另外三次"焚书"事件

第一位"焚书"的统治者并不是秦始皇，而是重用商鞅变法的秦孝公。公元前359年，秦孝公进行了第一次"焚书"活动，烧毁的就是以《诗》《书》为主的儒家经典。秦始皇算是第二位完成这一"壮举"的统治者。

跨越历史长河，第三位"焚书"的统治者是南北朝时期南梁的梁元帝。公元前554年，西魏军攻打南梁，破城前梁元帝下令把自己的十多万卷书籍聚在一起全部烧毁。梁元帝烧书的目的是他认为自己读了很多书，但是自己的国家还是被西魏军攻破走向了灭亡，所以读书是没用的，一气之下就烧书了。

历史上四位"焚书"的统治者中，最狠的要数第四位——清

朝的乾隆帝。乾隆帝派了300多位文人一起编纂《四库全书》，用了10年的时间编成，目的在于推行文化专制。在编纂这本书的过程中，很多与之思想不统一或存在其他不合格现象的古籍经典全部都被官府收集烧毁。据统计，乾隆在位期间一共焚毁了71万卷的书籍，其内容涉及各行各业。这是我国历史上规模最大的一次"焚书"事件。

"焚书"事件的发生，其目的是维护统治者的利益，很大程度上也有利于国家的管理。但统治者如果不能明白"防民之口，甚于防川"的道理，仅利用"焚书"这种手段控制百姓的思想，不仅不能从根本上解决问题，还不利于国家长治久安。

看一眼
就要懂的历史常识

3-2 秦始皇"焚书坑儒"的历史常识表

时间	公元前213年	地点	秦朝咸阳宫	人物	秦始皇（发起者） 李斯（献计者）
历史背景	1. 秦始皇统一六国后，废除分封制，实行郡县制，引来不满 2. 秦朝建立专制主义政治体系的需要 3. 儒生和游士引用儒家学说抨击时政 4. 秦始皇想取代上古圣王的治世思想				
直接作用	有利于秦朝巩固专制主义中央集权的统治				

3

自古有哪些朝代修建长城？

长城最早的历史可以追溯到西周时期的周幽王"烽火戏诸侯"。长城有三个作用，首要作用是预警，烽火台就是望哨岗；其次是防御，抵御外族侵扰；最后是储存物资，保障物资的供应需求。我国历史上有多个朝代都曾修建长城。

看一眼必须收藏的知识点

我国古代修建长城的朝代

战国时期，各诸侯国争战不休，为了兼并和防御的需要，长城的修建进入一个高潮。我国现存最古老的长城是赵长城，分为南北两段，南段由赵国的国君赵肃侯修建。公元前333年，赵国攻打魏国，失败后怕魏国和齐国联手来报复，于是赵国统治者赵肃侯下令在漳水和滏水之间修建了赵长城。北段由赵肃侯之子赵武灵王修建。

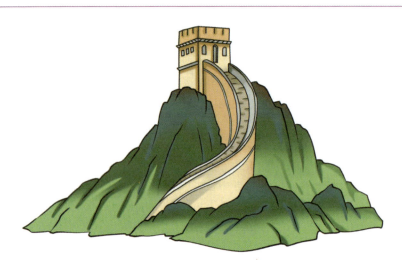

3-3　长城局部简笔图

　　当时燕国为了抵御北边的胡人和秦、赵两国的侵犯，公元前254年也修筑了北长城和易水长城，历史上称为燕长城。秦始皇统一六国后，北边的匈奴实力也增强，为了抵御北边的游牧民族入侵，秦始皇就把秦国、赵国、燕国等修建的长城连接起来，这就是后来的万里长城。

　　汉武帝时期，张骞出使西域，开通了陆上丝绸之路，为了保护西域版图，汉长城就向西北河西走廊进一步延伸过去。而我们今天所说的长城主要指的是明长城，它始建于14世纪，西起嘉峪关，东到辽东虎山，总长度有8851.8千米。明长城的修建主要是用来防止蒙古族侵扰，最大的作用就是用于军事防御，保卫明都城，维护周边百姓的正常生产生活。

看一眼必须会背的知识点

外国有哪些国家修建过长城？

万里长城是世界上最长的军事设施和我国重要的文化遗产。而位居世界第二的戈尔甘长城在伊朗境内，直到1990年才被伊朗人在戈尔甘地区发现，并因此而得名。据考证，戈尔甘长城建于5至6世纪之间，主要作用也是抵御外敌的侵扰。

除了伊朗，历史上修建过长城的国家还有英国、朝鲜、德国和印度等。大部分国家修建长城的目的都是抵御外族侵扰，而印度的斋普尔藩王修建长城则是为了保护琥珀堡。

长城不仅是我国古代防御工程的杰出代表，也是民族精神的象征之一。修建长城的历史意义在于，军事上抵御少数民族的侵扰，经济上促进内外经济文化交流，政治上巩固多民族国家的统一，文化上成为国家和民族的象征标志。

看一眼
就要懂的历史常识

3-3 古今中外长城历史常识表

名称	建造时间	归属国	发起者	建造目的	长度
赵长城	公元前333年	赵国（战国时期）	赵肃侯	抵御齐国和魏国	21196.18千米
燕长城	公元前254年	燕国（战国时期）	燕昭王	抵御胡人、秦国、赵国	
秦长城	公元前214年	秦国	秦始皇	防御匈奴	
汉长城	公元前104年至公元前101年	西汉	汉武帝	抵御匈奴	5000多公里
明长城	1472年	明朝	朱元璋	抵御蒙古族	400多公里
戈尔甘长城	公元226年至650年	伊朗	萨珊波斯王朝	抵御匈奴人	200多公里
哈德良长城	公元122年	英国	哈德良（罗马帝国君主）	抵御北部皮克特人	约20公里
朝鲜长城	1033年至1044年	高丽王朝	高丽德宗	抵御契丹族	约400公里
印度长城	1592年	印度	斋普尔藩王	保护琥珀堡	70多公里
日耳曼长城	公元100年至公元260年	德国	古罗马士兵	抵御外族	550公里

4

秦末的亭长刘邦是怎么起家的？

秦朝的时候，刘邦担任沛县泗水亭的亭长，这个职位相当于现代的派出所所长。因为放跑了犯人，刘邦怕被处死，于是逃到芒砀山藏起来。陈胜吴广起义后，刘邦召集了三千多人去攻占沛县，他自称沛公，后来又带人去投奔反秦的另一支队伍，即以楚将项燕的后代项梁为首的楚国起义军。项梁接受了刘邦的投奔，还把砀郡交给他，让他做砀郡长，封为武安侯。

3-4 刘邦像

看一眼必须会背的知识点

刘邦"约法三章"得民心

公元前207年，刘邦攻下峣关后兵临咸阳城下，秦王子婴带着代表天子王权的玺符投降。刘邦废除秦朝苛刻的法律条文，并约法三章，只要不犯"杀人、伤人、盗窃"三条法律，其他所有的法律全部废除。原来的秦国官员职位照旧，负责好各自的工作。

楚怀王熊心曾对项羽和刘邦说，谁能先打入关中地区，谁就可以称王。公元前208年至前207年，项羽带领楚军和秦军在巨鹿交手，最后以少胜多成功打败秦军，史称巨鹿之战。此时的刘邦早就从另一边打进了咸阳城里。楚怀王熊心遵照约定，承认刘邦可以称王。公元前202年，西楚霸王兵败自刎，刘邦赢得楚汉之争的胜利，随后建立西汉，迁都长安，史称汉高祖。

刘邦从一介平民成为一代帝王，从个人原因来看，他的成功得益于把礼、义和利结合起来，不管是对上下级还是对老百姓，刘邦都做到了以礼相待、讲义气、给足好处三点，巧妙地把各阶层的群众拉拢在一起，因此得到各方力量的支持。

看一眼就要记住的知识点

刘邦为什么要铲除异姓王？

刘邦在位期间，为了恢复社会经济的发展，采取了减轻徭役、招抚流亡、免奴婢为庶人等措施。政治方面，刘邦平定内乱，缓和与匈奴及其他外族的关系，稳定了当时的政治局面。刘邦吸取前朝的经验教训，学习秦朝建立中央集权制和郡县制，沿用先秦时期的分封制，两者结合实行了郡国并行制。但分封诸侯后，刘邦怕异姓王势大造反，因而铲除异姓王，只留下"刘"姓诸侯。

此外，为了巩固政权和稳定社会局势，刘邦实行了"休养生息"政策。主要措施：第一，免奴婢为庶人，即把奴婢释放为平民，以增加农业劳动力；第二，采取"兵皆罢归家"措施，让士兵还乡务农；第三，鼓励百姓农业生产，采取轻徭薄赋政策，减轻农民的赋税负担，并且相应减免徭役及兵役；第四，减轻田租，采用"十五税一"制度，定税率为十五税一。

刘邦建立西汉并不是偶然，而是顺应了历史发展的潮流。汉朝是我国历史上真正实现中央集权大一统的封建王朝，也是我国历史上最繁荣长久的朝代之一，对后世的政治、经济及文化各方面都产生了深远影响。

3-4 刘邦建立西汉的措施常识表

楚汉之争	公元前202年，西楚霸王垓下兵败自刎，刘邦建立西汉，定都长安，史称汉高祖
约法三章	约定除了"杀人、伤人、盗窃"三条法律，其他所有苛刻的秦朝法律全部废除
铲除异姓王	采取郡县制和分封制结合的郡国并行制，分封后又怕异姓王势大造反，因而铲除异姓王，只留下"刘"姓诸侯

5 汉武帝：历史上第一个用阳谋的人

汉景帝时期发生的"清君侧"事件最终也没有解决诸侯势力过大的问题。汉景帝没解决的事情，到了汉武帝时期便被轻松解决。汉武帝摆在台面上解决了诸侯问题，而且还赢得光明正大，堪称"阳谋"。

看一眼就要记住的知识点

汉武帝实行"推恩令"的绝妙计策

公元前127年，汉武帝颁行"推恩令"，直接目的就是削弱诸侯国的势力，根本目的在于加强中央集权，维护皇帝的权威以及巩固统一。汉武帝强制让诸侯用皇帝恩泽的名义把他们手里的土地再次分封给下一代子孙，除了诸侯犯错或者有过失之外，一般情况下皇帝不会随意削减或收回这个封国。政令一出，诸侯的子孙们自然开心至极。如果有诸侯不执行这个政令的要求，那就是犯罪，会连累子孙。

3-5 颁行"推恩令"图

政令一出，引起了很多诸侯的不满。"推恩令"妙就妙在，比如诸侯有三个子孙，就得从自己的领土上分出三块土地，那子孙再有子孙，还是诸侯继续分地。只不过之前分过的不能再分，要重新分其他地方的土地。这样一来，诸侯掌握的土地越来越小，直到土地被分完为止。

即使分封土地，诸侯依旧是大诸侯，怎么会没有实权呢？因为大诸侯把土地分出去就等于把这块土地的管辖权也分出去了，那片土地上的事情不归大诸侯管。

这招阳谋可以让诸侯们自己心甘情愿地把宝贵的土地及相应的

权力分封出去，还没有任何理由拒绝。最主要的是，诸侯们的子孙特别拥护这个政令，所以当时进行得非常顺利。

看一眼必须会背的知识点

实施仁政对国家有多重要？

"推恩令"为什么可以顺利实行？"推恩令"其实就是实施仁政并强调法制，它最大的意义是稳定了当时的局势，达到了皇帝集中权力的目的，不仅削弱了诸侯势力，还给百姓带来了稳定的生活。汉武帝这一举措给后世的皇帝在治国方面提供了借鉴。

从汉武帝治国的措施来看，天下局势多变，如果统治者真正做到实施仁政，用阳谋治世又何妨？不管是先秦的分封制还是秦之后的郡县制，或是郡国并行制，大多数统治者考虑的都是权力或土地的分封与管理，而汉武帝吸取各种制度的优缺点，巧用"推恩令"，从根本上解决了分封制留下的诸侯问题，成为后世帝王治国学习的典范。

看一眼
就要懂的历史常识

3-5 汉武帝巩固大一统的措施常识表

政治	汉武帝时期推行"三公九卿制",完善了官僚机构,加强了中央集权,稳定了中央集权的统治。实行"推恩令",解决了诸侯权力过大的问题
经济	汉朝时交通发达,商品贸易繁荣,汉朝成为我国历史上商品经济发展最迅速的朝代之一。实行盐铁官营、专卖制度,加强对社会经济的控制
文化	罢黜百家,独尊儒术。汉朝时,儒家思想逐渐成为主流,成为我国传统文化的重要组成部分
军事	北击匈奴,铲除了匈奴外患,使国家安全得到保障

6

历史上有几个人"封狼居胥"?

提及霍去病，大家就会想起"封狼居胥"这个成语。很多人以为"封狼居胥"是一个官职，听起来是个很厉害的称号，毕竟主角是霍去病。其实这几个字的意思不是官职，"封"指的是筑坛祭天，"狼居胥"是一座山的名字，也称为狼居胥山。本意是指霍去病打败匈奴后在狼居胥山筑坛祭天以示成功，后来比喻建立显赫功勋。

看一眼必须会背的知识点

霍去病——北击匈奴开启封神之战

北边匈奴的问题从秦朝开始就已经让统治者头疼不已。早在战国时期，北边的匈奴已经进入奴隶制社会。奴隶主贵族利用骑兵的优势，时常侵入中原地区，给当地百姓造成严重伤害。汉武帝时期的匈奴反击战是公元前129年开始的，主要由卫青和霍去病带领。

霍去病十八岁就当上了剽姚校尉，这个官职还是汉武帝专门为

他设置的，他仅仅带着八百人的骑兵冲到大漠里，拿了两次首功，还被封为冠军侯。霍去病先后打了很多胜仗，不夸张地说，如果霍去病没有英年早逝，估计他能打到欧洲去。

　　霍去病北击匈奴，当时就带了五万骑兵，北上跋涉两千多公里，军队还要面临水土不服，生存环境恶劣等问题。但霍去病大破匈奴大军，直接把匈奴残余部队赶到狼居胥山，还举行了祭地禅礼。后来"封狼居胥"成了将军们的梦想。这场战争狠狠打击了匈奴的嚣张气焰，荡涤了匈奴势力，霍去病也一战封神，成为万众将士们心目中的楷模。

看一眼必须收藏的知识点

历史上"封狼居胥"的人物

　　历史上封狼居胥的人并不是只有霍去病，算上霍去病在内共有五个人。

　　第二位"封狼居胥"的人是东汉的大将军窦宪。公元89年，窦宪被任命为车骑将军，率兵出塞，在稽落山大破北匈奴，北匈奴八十一部二十多万人先后归降，之后于燕然山刻石记功。

　　第三位封狼居胥的人是唐朝的军神李靖。唐太宗李世民即位后，于公元629年任命李靖为定襄道行军大总管，统率将领北击突厥。李靖用三千精骑夜袭定襄，又奔袭阴山，一举歼灭突厥，当时唐朝的版图从阴山扩张到大漠。公元635年，李靖被任命为西海道行军大总管，率兵灭掉吐谷浑。

第四位是明朝开国大将蓝玉。洪武五年（1372年），蓝玉跟随大将军徐达北征，在野马川打败了王保保的游骑，后又打败其军队。洪武十一年（1378年），蓝玉又跟随沐英去西蕃平定叛乱，凯旋后被加官封爵。后来多次出征都赢得胜利，朱元璋把蓝玉比作卫青、霍去病、李靖等名将，还晋升他为凉国公。

3-6　明成祖朱棣像

以上几位都是各朝的名将，而第五位是历史上唯一封狼居胥的帝王——明成祖朱棣。从永乐八年（1410年）开始，朱棣先后五次远征大漠，最远打到了今天蒙古国乌兰巴托的地界。

"封狼居胥"作为武将建功立业的最高荣誉，更像一种精神的传承。以霍去病为代表，少年将军的爱国雄心以及救国济民的拼搏

进取精神，对后世子孙肩负振兴中华的历史使命及发扬爱国主义精神有重要影响。

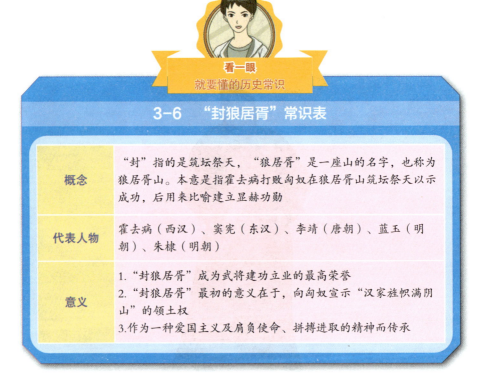

看一眼
就要懂的历史常识

3-6 "封狼居胥"常识表

概念	"封"指的是筑坛祭天，"狼居胥"是一座山的名字，也称为狼居胥山。本意是指霍去病打败匈奴在狼居胥山筑坛祭天以示成功，后用来比喻建立显赫功勋
代表人物	霍去病（西汉）、窦宪（东汉）、李靖（唐朝）、蓝玉（明朝）、朱棣（明朝）
意义	1."封狼居胥"成为武将建功立业的最高荣誉 2."封狼居胥"最初的意义在于，向匈奴宣示"汉家旌帜满阴山"的领土权 3.作为一种爱国主义及肩负使命、拼搏进取的精神而传承

7 东汉皇帝平均寿命短是什么原因？

东汉时期，皇帝的平均寿命仅26岁，比起西汉皇帝的平均寿命37岁降低了11岁。到底是什么原因造成东汉皇帝平均寿命短呢？

看一眼必须收藏的知识点

当外戚干政遇上宦官专权

公元9年，外戚王莽夺取政权，建立新朝，西汉灭亡。后来民间掀起农民起义，推翻了王莽政权。公元25年，西汉宗室刘秀称帝，定都洛阳，建立东汉。光武帝刘秀在位期间，社会稳定，经济也得到恢复和发展，但到了东汉中期，后面继位的皇帝大多年幼，朝政大权因此由皇帝的母亲即太后来主持。这样就导致出现了太后重用亲戚而外戚势力逐渐庞大的现象。

除了外戚势力干政，皇帝长大后也会培养身边的宦官势力，这样就形成外戚和宦官交替专权的局面，导致东汉政局混乱，因此走

向衰亡。

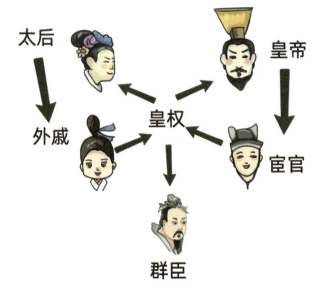

3-7　东汉政权形势图

东汉皇帝平均寿命短的重要原因在于：第一，东汉时期医疗水平差，新生皇帝容易夭折，长大后的皇帝也容易因病早逝；第二，太后、外戚干政加上宦官干政，继位的年幼皇帝沉迷玩乐，容易养成不良生活习惯；第三，三股势力干政，皇帝年幼，容易被人毒杀；第四，战争、灾害等外在因素的影响。

东汉从第四位皇帝开始，连续十位都是"娃娃皇帝"，十位皇帝中有九位是外戚或者宦官拥立为帝，为了掌握权力，他们往往选择年纪小的皇帝继位。由此，东汉皇帝不仅平均寿命短，平均继位年龄也小。朝廷政局混乱，外戚宦官交替专权动摇了东汉的统治，这也是统治阶级内部矛盾在专制制度下的尖锐表现。这一现象在东汉时期尤其明显。

看一眼
就要懂的历史常识

3-7　外戚和宦官交替专权常识表

背景	东汉中期以后，继位的皇帝年幼无法主政，太后临政，重用外戚。皇帝年幼由宦官照顾，更信赖宦官，由此宦官得以把持朝政
三股干政势力	太后干政、外戚干政、宦官干政
根本原因	1. 外戚和宦官争权，形成外戚和宦官交替专权的局面 2. 继位的皇帝年幼，太后临政，外戚和宦官趁机夺权 3. 为了制衡世家势力，世家与外戚、宦官争权
影响	外戚、宦官交替专权，动摇了东汉的统治，这也是统治阶级内部矛盾在专制制度下的尖锐表现，导致东汉加速走向衰亡

8

历史上最早的"西游记"在汉朝

古代的很多故事中都曾提到"西域",仿佛那是一个神秘莫测的国度。现在想要去全球各地很简单,交通发达,还有很多交通工具可以选择。但在古代,连带匹马出门都是奢侈,基本靠走路,且途中往往会充满未知的风险,比如随时蹦出几个山野匪徒,扛着一两把兵器就敢打劫,那场景想想都可怕。

3-8　张骞出使西域

看一眼必须会背的知识点

历史上最早的外交官——张骞

西汉时期有一位勇士名叫张骞，为什么说他是勇士？面对"出使西域"这个出去就可能回不来的皇家任务，谁都不愿意遭那份罪，偏偏这时张骞主动举手，说他愿意为此次任务赴汤蹈火。汉武帝瞥了一眼周围，确实没有其他人主动请缨，就把这个任务交给了张骞。

张骞被称为最早的外交官，他比唐僧还早很多年去往西边的国家，其出使西域的经历可以被称为最早的"西游记"。匈奴一直是威胁汉王朝的存在，张骞第一次出使西域目的就是找到远在西域的大月氏部落，说服其与汉朝结盟，解决匈奴问题。第二次出使西域是为了宣扬汉朝国威，对西域大宛、大月氏、大夏等国进行访问并表达友好交往的意愿。

为什么张骞出使西域被称为最早的"西游记"？首要原因就是张骞身上有《西游记》中唐僧师徒排除万难、坚持不懈去往西天取经的精神。其次，张骞去往西域和唐玄奘的西天取经方向相似，都是西边地区。

张骞——"最强带货王"

如果没有张骞，西域的香菜、大蒜、土豆等食物不一定能传到我国，也不一定能延续至今。当初张骞出使西域，用了整整十年才从匈奴手里逃出来，好不容易找到大月氏的地盘，此时再提联盟的事情已经有点晚了。十年前的大月氏也是匈奴的对头，但十年后物是人非，大月氏部落已经过上幸福的生活，他们婉拒了张骞联盟的提议，并不想再掀起战乱。

张骞的任务没有完成，就这样回大汉好像不太妥当，索性就把大月氏及周边其他西域部落的风土人情和新奇事物都记录了一遍，并带回了很多当地的奇珍异宝和丰富物产。

3-9　明代《丝路山水地图》局部

张骞出使西域带回来很多东西，包括葡萄、石榴、核桃、蚕豆、芝麻、胡萝卜、香菜、大蒜，以及西域地毯和汗血宝马，这些东西都是当时的"稀世珍宝"。张骞两次出使西域，开辟了从中国到西域的丝绸之路，促进了西域与汉朝的经济文化交流，具有划时代的历史意义。

　　张骞出使西域从评价看有两面性。一方面，有人说张骞出使西域是失败的，因为没有完成最初的任务，没有成功和大月氏建立联盟关系。另一方面，张骞对西域的调查了解成为当时了解其他国家和地区的地理、文化的重要资料，开辟的丝绸之路对当时乃至今日都有重要影响，因此张骞出使西域是成功的。

看一眼
就要懂的历史常识

3-8　丝绸之路常识表

陆上丝绸之路	开拓者	张骞（西汉），被誉为"第一个睁开眼睛看世界的中国人"
	命名者	李希霍芬（德国）
	路线	以长安为起点，经过河西走廊到敦煌
	物产交流	西域的石榴、葡萄、核桃、大蒜、香菜、乐器、地毯等物产传入汉朝。汉朝的丝绸、茶叶、瓷器等物传入西域国家
海上丝绸之路	形成时期	秦汉时期
	鼎盛与发展时期	发展于三国时期，到唐宋繁荣，明初达到顶峰
	物产交流	出口陶瓷、茶叶、丝绸；进口香料、药材、胡椒等
新丝绸之路	概念	在古丝绸之路的基础上形成新的经济发展区域，牵系着东边的亚太经济圈和西边发达的欧洲经济圈，被誉为世界上最长、最具发展潜力的经济大走廊

9 为什么世界三大造纸术中只有中国的流传最广？

世界上还有比中国更早被发明出来的"造纸术"，但为什么中国的造纸术享誉世界，另外几种造纸方式却被历史所淘汰呢？

看一眼就要记住的知识点

蔡伦纸的特点

发明造纸术之前，人们只能把文字写在绢帛或竹简上，不仅携带不方便，而且价格昂贵，限制了文化的传播。东汉时期，蔡伦总结了前人的经验，改进造纸工艺。他用树皮、麻头、破布、旧渔网等材料作为造纸的原料，不仅提高了纸的质量和产量，还降低了生产成本。后来这种纸取代竹简和绢帛成为人们日常使用的书写材料，促进了文化的传播和典籍的流传。

蔡伦纸的特点：质量好，有韧性；原材料便宜且充足，降低了造纸成本，纸张轻便容易携带。其意义在于，既提高了纸张的质量和产量，又推动了纸张在我国古代的广泛使用，并且促进了文化的传播。蔡伦的造纸术还被列为我国古代"四大发明"之一，对我国乃至人类的文化传播和世界文明的进步都起了无法估量的作用。

看一眼必须收藏的知识点

外国古老的造纸工艺特色

东汉时期蔡伦改进造纸术对世界各国的造纸工艺都有重要影响。在此之前，世界上出现的纸有古埃及的莎草纸和玛雅人的树皮纸，制作工艺各不相同。

古埃及的莎草纸是一种类似竹简的书写材料，古埃及人把纸莎草这种植物的茎进行简单处理，使其成为可以书写的莎草纸。玛雅人的树皮纸原料是当地的一种无花果的树皮，制作前需要把内层树皮剥下来，进行长时间的浸泡、煮沸，然后用木棍锤制晾干，树皮最后变成一块硬纸板，工匠会在这块硬纸板上涂上石灰并擦拭光亮，以方便使用。

17世纪时，西班牙人入侵玛雅，烧毁了玛雅人的所有书籍，目前存世的三本书据记载是被一位语言学家抢救保存下来的。

古埃及的莎草纸以及玛雅人的树皮纸制造过程比竹简复杂，后来慢慢地被羊皮纸、牛皮纸以及阿拉伯传入的廉价纸取代，逐渐退出历史舞台。而蔡伦改进的造纸术，原料容易得到，可以大量制造，并且价格便宜，能够满足大多数人的需要，因此流

传最广。

3-10 莎草纸

3-9　世界三大造纸术常识表

造纸术名称	时间	特点	影响
古埃及莎草纸	公元前3000年	制作比竹简复杂，容易发霉损坏	盛产于尼罗河三角洲，出口到古希腊等地区，对当时的文化传播有着重要作用
玛雅树皮纸	距今2000多年	制作材料单一，太厚重不易携带，树皮不具备柔韧性	消耗大量的树皮，损害了有限的树木资源
东汉蔡伦造纸	公元105年	质量好，有柔韧性；原材料便宜且充足，降低造纸成本；纸张轻便容易携带	既提高了纸张的质量和产量，又推动了纸张在我国古代的广泛使用，并且促进了文化的传播

10

"史学两司马"指哪两个人?

历史像个经验丰富且幽默有趣的老者,记载了数不尽的人物逸事,内容浩瀚无际,却总是吸引人们去感受它的独特魅力和独有的思维力量。历史得以保存并流传下来,多亏了"史官"这一职业。

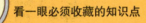
看一眼必须收藏的知识点

"史学两司马"的著作

西汉时期,司马迁的父亲是太史令,早在20岁的时候,受父亲的影响,司马迁就游历山水,去实地考察各地的民俗风情和人文逸事。父亲死后,司马迁继任太史令,同时继承父亲的遗志继续撰写史书。公元前99年,司马迁替李陵辩护,被关入大牢,并处以腐刑。入狱期间,他并没有放弃撰述,还完成了我国第一部纪传体通史《史记》,此书被鲁迅称为"史家之绝唱,无韵之离骚"。

北宋的司马光编撰《资治通鉴》,意思是"鉴于往事,有资于治道"，统治者可以把历史的得失作为借鉴来加强统治。《资治通鉴》也是我国历史上第一部编年体通史，它和司马迁的《史记》合称为"史学双璧"。历史上把司马迁和司马光称为"史学两司马"。

看一眼必须会背的知识点

"史学双璧"的文学影响

《史记》对后世最大的影响是开创了纪传体通史体裁，奠定了史学的独立地位。在司马迁写完《史记》之后，很多文人墨客也开始专门撰写史学著作，史学逐渐发展成独立学科。《史记》也是传记文学的典范，它的写作技巧、文章风格、语言特点等都具有很高的研究价值。《资治通鉴》则是编年体史书的写作典范，通过编年体的叙述方式让读者清晰了解我国古代历史的发展脉络及演变过程，为我国古代史学的发展奠定了重要基础。

纪传体主要以人物传记为中心，通过记叙人物活动来反映历史事件。编年体则以年代为线索编排有关的历史事件。"史学两司马"在我国史学发展史上各有千秋，都有着重要地位，极大地促进了我国史学发展。

3-10 "史学双璧"《史记》和《资治通鉴》常识表

时期	作者	著作	地位	简介
西汉	司马迁	《史记》	我国第一部纪传体通史	以人物传记为中心，通过记叙人物活动来反映历史事件。记载了从上古黄帝时代到汉武帝太初四年共3000多年的历史
北宋	司马光	《资治通鉴》	我国第一部编年体通史	以年代为线索编排有关的历史事件。从公元前403年周威烈王时期开始记载，到后周世宗显德六年（公元959年），共16朝1362年的历史

11

魏晋南北朝有哪些科学家？

魏晋南北朝虽然大部分时间都处于分裂割据的状态，但这一时期的科学成就是极高的。最典型的科学家代表就是贾思勰、祖冲之和郦道元。

看一眼必须会背的知识点

《齐民要术》——最早的百科农书

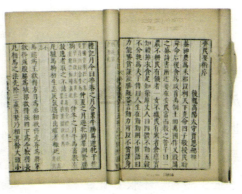

3-11　《齐民要术》

　　贾思勰曾担任北魏的郡太守，他非常重视农业生产，并且亲自整理了古书中记载的农业知识，汲取农民的实际生产经验，再加上自己在实践中的生产经验，写出了《齐民要术》，书中总结了农、林、牧、副、渔等方面的农业技术。贾思勰强调农业生产要遵循自然规律，种植农业作物必须因地制宜，不能耽误农时。

　　《齐民要术》成为我国现存最早的一部完整的百科农书，体现了我国古代科学家以民为本的务实精神，反映了当时的农业生产技术水平，对后世农学发展有深远影响。

看一眼必须收藏的知识点

祖冲之——集古代天文数学之大成的科学家

　　祖冲之是南北朝时期杰出的科学家，他不仅在天文历法方面有很高的成就，在数学及机械制造方面也有重大成就。三国时期的刘徽最早提出了"极限"思维计算圆周率的方法，祖冲之根据这一方法计算出圆周率后七位数字，这一成果领先世界近千年的时间。

　　关于天文历法，祖冲之通过对历法进行推算，推算出的一年时间和现代用天文科学测算的结果几乎一致。祖冲之的《大明历》还被官方正式颁行。不仅如此，祖

3-12　祖冲之像

冲之还发明了指南车、水碓磨、千里船等。

魏晋南北朝时期，许多优秀的科学家秉持着坚持不懈的科学精神，在那个动荡的时代，推动我国古代的科学技术取得了突破性的进展，在农业、天文历法、地理、数学、机械等领域都取得巨大的成就。

看一眼就要记住的知识点

为什么南北朝出现科技大发展？

北魏时期的郦道元写了一本《水经注》，这本书是他利用在各地做官的机会去实地考察，并研究学习了前人写的地理著作，两相结合后总结而成，书中记载了 1252 条河流的源头、河道、支流，介绍了这些河流的流经地区及地形、气候、土壤、风土人情等信息。《水经注》是我国古代最全面、最系统的综合性地理学著作，为后世研究古代历史、地理提供了重要的参考价值。

为什么魏晋南北朝时期会出现科技大发展？首先，因战乱频繁，统治者采取有力的统治措施，客观上来看对科技发展起到推动作用。其次，魏晋南北朝承袭了两汉时期丰富的科技文化经验，而北方民族大交融中，不同生产方式的交融也为北方农业和手工业生产技术的发展提供了条件。

一个文明社会的产生和发展离不开科学与技术，虽然魏晋时期不是科学技术最活跃时期，但当时科学家们所取得的成就是不容忽视的，对后世有着重要的、不可替代的影响。

3-11　魏晋南北朝科学家及其著作常识表

姓名	著作	地位	内容
贾思勰	《齐民要术》	我国现存最早的一部完整的农书	总结了农、林、牧、副、渔等方面的技术，强调农业生产要遵循自然规律等
祖冲之	《大明历》	当时最先进的历法，和现代天文科学测算几乎一致	通过观测天文现象，对历法进行精细推算及记录
郦道元	《水经注》	是我国古代最全面、最系统的综合性地理学著作	记载了1252条河流的源头、河道、支流，介绍了这些河流的流经地区及地形、气候、土壤、风土人情等信息

12 北魏孝文帝为何强制推行汉化改革？

北魏孝文帝是鲜卑族，为什么他要强制推行汉化改革？孝文帝即位的时候只有五岁，由他的祖母冯太后主政，当时冯太后就已经推行了一系列汉化政策。而孝文帝是冯太后亲自抚养长大，因此受到冯太后推行汉化改革的很大影响。

看一眼必须会背的知识点

孝文帝汉化改革的措施

公元490年，冯太后去世，政权回到24岁的孝文帝手中。为了摆脱柔然的威胁，方便以后攻打南方，并且有效控制中原地区，公元494年，孝文帝力排众议，把都城迁到洛阳，包括百余万鲜卑族在内的北方各民族就此迁到中原地区。

孝文帝在推行汉化的过程中采取了很多措施，包括实行移风易俗，规定官员必须在朝中使用汉语，禁止用鲜卑语，并且用汉服代

替鲜卑民族服装等。为了促进民族交融,孝文帝规定改鲜卑姓为汉姓,鼓励鲜卑的贵族和汉族的贵族联姻。

3-13 北魏孝文帝迁都洛阳路线图

看一眼必须收藏的知识点

孝文帝改革的意义

魏晋时期,内迁的各民族和当地的汉族形成错居杂处的特点,北方民族向当地汉族学习耕种技术,汉族人向北方民族学习畜牧业的经验,因此,我国北方出现了各民族大交融的现象。各民族在经济文化上往来频繁,汉语逐渐成为北方的主要通用语言。各民族之间的隔阂与偏见越来越少。

孝文帝改革的意义在于,恢复和发展了北方经济,巩固了北魏的统治,北方地区各民族互相交往、交流与交融,进一步丰富了中华民族的物质文化和精神文化，为隋唐时期多民族国家的繁荣发展奠定了基础。

孝文帝强制推行汉化改革的积极影响大过消极影响，因此改革是正确的，从历史发展趋势来看，北方民族融合有利于北魏政局的稳定和经济文化的发展，在一定程度上这种改革是必要的。

看一眼
就要懂的历史常识

3-12　北魏孝文帝改革常识表

改革背景	北魏统一北方，社会环境相对稳定，但在北魏统治下，阶级矛盾和民族矛盾激化，实行改革迫在眉睫
改革内容	整顿吏治；实行均田制、租调制、三长制；迁都洛阳；移风易俗等
改革影响	促进了北方经济的恢复和发展；促进了民族交融；加速了北魏政权的封建化

第四章

繁荣与开放：

隋唐到南宋的强盛景象

1

古代当官考试为什么糊名？

在大家的印象中，古代当官都需要寒窗苦读，参加科举考试。隋唐之后都采用科举制来选拔人才。**科举制产生的标志就是隋炀帝创立了进士科。**

看一眼必须收藏的知识点

科举制产生的背景

为什么会产生科举制？魏晋南北朝时期，朝廷选官实行九品中正制，当时的大权掌握在世族贵族手中，造成"上品无寒门，下品无世族"的局面。隋朝统一天下后，为了加强中央集权，采用科举制代替九品中正制，实际上是把选拔官员的权力收回中央。因此，科举制和前朝的选官制度最大的不同，就是选拔官员的权力不再由世家贵族垄断，而是从地方集中到了中央。

此外，出身、背景、家业等因素不再是选拔官员的依据，科举制选拔人才的主要标准是考试的成绩。隋炀帝时期，推行科举制的最大的目的就是加强中央集权，巩固统一，维护统治者的权力。

我国是世界上最早实行文官考试制度的国家。科举制成为后世历朝选拔官员的重要制度，影响维持了1300多年。科举制的意义在于，加强了中央集权，扩大了官员选拔的范围，让真正有才学的人有机会参政，为国家效力，同时也推动了教育的发展。

看一眼必须会背的知识点

糊名制和誊录制的作用

隋唐时期，科举制最开始的试卷是不需要糊名的。但不糊名有一个弊端，就是权贵之间相互徇私舞弊，机会大都留给了达官显贵人家的子弟。到了宋朝，改唐代一年一次的进士考试为三年一次，并且将录取的名额扩大了十倍。试卷方面采用糊名制和誊录制。

糊名制，即考试结束后把考生的姓名、籍贯等信息用纸糊起来，防止批卷时出现舞弊现象。但是这一制度避免不了有考生在试卷上做标记、写暗语等情况，于是又产生"誊录

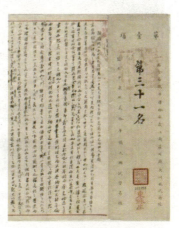

4-1 糊名制试卷图

制"，即把考生的试卷誊写一遍，然后再交给考官批改，防止考官辨认出考生的字迹而出现舞弊现象。

看一眼就要记住的知识点

科举制产生的影响

科举制的特点在于体现了平等公正的意识，使普通人也有入仕的机会。应试者不论出身、地位、家业等背景，自由报名应试。科举制以考试成绩为录取标准，执行严格的考试制度。考试时间固定，便于复习。

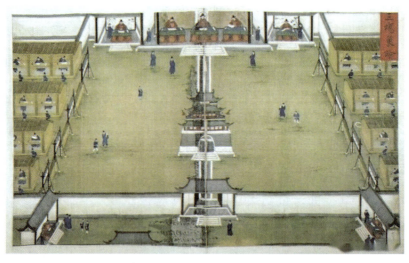

4-2　明人考试图横轴（明 绢本 故宫博物院藏）

科举制的*积极影响*：有利于加强中央集权，维护国家的稳定与发展；有利于形成良好的学习风气，统一思想；选拔人才以考查才学为重，为各阶层的人才提供平等的机会。

科举制的消极影响：形成教条主义，束缚思想，败坏学风；存在严重的受贿和作弊现象；重书本而轻实践，读书人缺乏独立思考、创新等能力；人们为求功名利禄而读书，形成畸形读书观念，摧残人才。

科举制虽然在清朝末年被废除，但它的积极影响一直延续至今。比如我国的高考等重要考试选拔制度中所用的考试条形码、考号等都承袭自科举制。

看一眼
就要懂的历史常识

4-1 科举制历史常识表

产生的目的	加强中央集权，巩固统一，维护统治者的权力
产生的标志	隋炀帝设置进士科，标志着科举制度的产生
发展历程	产生于隋朝，发展于唐、宋，元朝中落，明朝达到鼎盛，清朝僵化，清末被废除
被废除的原因	1. 清末出现新式学校，掀起新式教学浪潮 2. 学校成为科举制的附庸，阻碍了新式学堂的发展，被历史趋势淘汰 3. 科举考试日益僵化、衰落，舞弊问题严重，积重难返

2 唐朝人有哪些娱乐活动？

唐朝饲养宠物是主流娱乐活动之一。当时最流行饲养的宠物是什么？答案是鹅。不仅民间家家饲养大鹅，据《唐六典》记载，当时的官府还专门聘请了专业养鹅人。"养鹅"的风气夸张到什么程度呢？唐朝诗人姚合的《扬州春词三首》中有一句"无家不养鹅"。恐怕当时出门散步，如果没养鹅都不好意思跟邻里打招呼。

看一眼就要记住的知识点

唐朝社会风气开放的原因

除了养宠物，唐朝娱乐活动还有骑马、打球、拔河、骑射等项目。这些娱乐活动并不是只有男子可以参加，盛唐时期，社会风气兼容并包，当时的很多女子都可以接受文学、音乐等方面的教育。

不仅如此，男子和女子从幼年时起都可以接受骑射的训练，因此骑射活动也非常普遍。有时帝王出行狩猎，妃嫔宫女随行时，宫女也可以纵马飞驰参加骑射活动。

4-3　宫女随行图

　　唐朝之所以出现如此开放的社会风气，离不开它鼎盛的气象。唐朝被称为我国古代历史上的鼎盛时期，不仅出现了"贞观之治"和"开元盛世"的局面，经济文化也得到了繁荣发展。

看一眼必须收藏的知识点

唐朝盛世气象的影响

"贞观"是唐太宗李世民的年号。李世民在位期间，政治清明、经济繁荣、文教昌盛、国力强盛，因其年号为"贞观"，故称"贞观之治"。"开元"是唐玄宗李隆基的年号，李隆基即位后，实行改革措施，稳定政局，励精图治，当时也出现了经济繁荣、国力强盛的现象，社会发展进入鼎盛时期，史称"开元盛世"。

"贞观之治"和"开元盛世"的共同点在于，统治者都重用贤才，励精图治，整顿吏治，发展经济，注重文教。主要表现在政治清明，经济文化繁荣发展，社会安定，百姓安居乐业。不同点在于"贞观之治"出现的原因是唐太宗李世民吸取了隋朝灭亡的历史教训，勤于政事，重用贤能，以民为本。"开元盛世"出现的原因是武则天统治时期奠定了重要的经济基础，加上唐玄宗李隆基的雄才伟略，社会经济得到进一步发展。

时代的繁荣发展离不开统治者的贤明举措，不管是贞观还是开元年间，社会的稳定和繁荣发展就是"盛世"最好的证明。

4-2　唐朝的盛世气象常识表

盛世	"贞观之治"	"贞观遗风"	"开元盛世"
人物	唐太宗李世民	武则天	唐玄宗李隆基
产生的原因	1. 国家统一和社会安定 2. 政治清明、经济文化繁荣发展 3. 统治者勤政爱民，励精图治		
共同点	统治者重用贤才，政治清明，外交开放，经济文化繁荣，大力发展农业，社会稳定		
影响	"贞观之治"为"开元盛世"提供了坚实的基础，把我国传统农业社会推向鼎盛时期。"开元盛世"在古代科技、经济和文化方面都产生了深远影响，促进了中华文明的发展与传播		

3 我国唐朝时与多少国家往来交流？

　　唐朝时，不仅国内繁荣昌盛，对外交流也达到鼎盛时期。《西游记》里唐三藏的历史原型就是唐朝高僧玄奘，他是我国汉传佛教四大佛经翻译家之一。玄奘最大的贡献就是西行去天竺取经，他不仅带回了大量的佛经，还主持翻译经书的工作，为我国佛教发展作出重大贡献。《大唐西域记》记载了玄奘游历的国家地区，成为研究中外交流的珍贵文献。

4-4　玄奘像

看一眼必须收藏的知识点

什么是遣唐使？

唐朝时，以我国为中心的东亚文化圈已经形成。不仅有玄奘西行，还有很多国家派遣使者东行来唐朝。最典型的国家就是日本，当时被日本派遣到唐朝的使节称为"遣唐使"。遣唐使表面上是来运送朝贡，实际上是以学习我国先进文化为目的。

日本共派遣了十几批遣唐使来到长安，最多的一次有500多人。他们学习唐朝先进的制度、科技、天文历法、书法艺术及建筑等方面的文化，这些文化对日本的社会发展产生了深远影响。

看一眼必须会背的知识点

唐朝鉴真东渡日本

唐朝在对外交往过程中主动宣扬中原文化的历史事迹，其中最具有代表性的事件就是鉴真东渡。

提及"鉴真"，很多人以为他是日本人，其实鉴真是唐朝高僧。天宝元年（公元742年）鉴真受邀到日本传播我国优秀的文化，他东渡五次没有成功，第六次终于抵达日本，通过传播佛学思想及唐朝的其他文化，对中日文化交流发展起了重要作用。

　　唐朝时期为什么中外交流频繁？最主要的原因就是唐朝发展达到鼎盛时期，国力强盛，经济和文化繁荣发展，并且国家统一，社会安定，为对外交往提供了安全稳定的社会环境。同时，统治者实行对外开放政策，鼓励中外文化的交往。此外，水陆交通的便利，为中外交往提供了有利条件。

4-5　《职贡图》（唐代　阎立本）

　　最能直观了解唐朝时期对外交流的史料就是唐朝画家阎立本的《职贡图》。此画现藏于台北故宫博物院，主要描绘了唐太宗时期南洋、西域等国的使者来大唐朝贡及进奉珍奇异宝的景象。

看一眼
就要懂的历史常识

4-3　唐朝中外文化交流常识表

交往的国家	日本、新罗、天竺、吐蕃等
对外交往原因	唐朝时国家统一，为对外交往提供了稳定的社会环境；唐朝国力强盛，经济和文化繁荣发展，处于鼎盛时期；统治者实行对外开放政策，鼓励中外文化交流；丝绸之路奠定了对外交流基础；水陆交通便利，为中外交流提供了有利条件
对外交往事件	遣唐使、鉴真东渡、玄奘西行等
对外开放的影响	首先，唐朝吸取众多外国文化，促进了本土文化的交流与发展。其次，唐朝先进的政治、经济文化等对外传播，促进了世界各国文明的发展

4

安史之乱到底在乱什么？

"在天愿作比翼鸟，在地愿为连理枝。"唐朝诗人白居易《长恨歌》中感天动地的男女主就是唐玄宗李隆基和贵妃杨玉环。这两个人物和安史之乱有什么关系吗？唐玄宗主政前期出现"开元盛世"，经济文化繁荣发展，百姓安居乐业，与周边的国家交往频繁，唐玄宗开始追求享乐，遇到杨玉环之后甚至荒废了朝政。

4-6 《贵妃晓妆图》
（明代 仇英）

看一眼必须会背的知识点

安史之乱中"安史"指什么？

"安史"指的是安禄山和史思明，安史之乱的起因是他们二人举兵叛唐，征讨宰相杨国忠。

当时唐玄宗不理朝政，朝政大权被宦官高力士、权臣李林甫和宰相杨国忠等人把持，他们徇私舞弊，排斥贤才，朝中官僚主义盛行，导致唐王朝政治腐败黑暗。这些现象累积严重，导致爆发安史之乱，而经此一乱，大唐似乎一夜之间便由盛转衰。

"安史之乱"到底在"乱"什么？公元755年，安禄山以讨伐奸臣杨国忠为借口，和史思明一起举兵发动叛乱，企图夺取天下。安史叛军一路杀到长安，唐玄宗逃到马嵬驿，随行的将士杀死宰相杨国忠，并逼迫唐玄宗处死杨贵妃，史称"马嵬驿兵变"。公元763年，安史之乱最终被平定。

看一眼就要记住的知识点

安史之乱——大唐盛世由盛转衰的转折点

为什么说安史之乱重创大唐盛世？发生这场战乱之前，大唐出现"九天阊阖开宫殿，万国衣冠拜冕旒"的景象，而战乱爆发造成北方地区"人烟断绝，千里萧条"，甚至出现"四邻何所有，一二老寡妻"等现象。这场战乱给百姓带来沉痛的灾难，也对社会经济造成极大破坏。唐朝的国势就是从此开始由盛转衰，国内各种矛盾尖锐，中央权力衰微，逐渐形成藩镇割据的局面。

"安史之乱"留给历史的最大启示就是，一个朝代想要达到盛世气象，社会的稳定和发展需要良好的环境作为前提，要建立健全的制

度防范政治腐败问题，并且要重视民生问题。纵观历史长河，因统治者昏庸无道，荒废朝政，或政治腐败，贪污盛行等现象而导致灭国惨剧的事件数不胜数。安史之乱是后世统治者值得借鉴反思的案例。

看一眼
就要懂的历史常识

4-4 "安史之乱"历史常识表

时间	唐玄宗天宝年间（公元742年至公元756年）
人物	安禄山、史思明
事件	唐朝将领安禄山和史思明举兵叛唐，征讨宰相杨国忠
背景	唐朝进入鼎盛时期后，唐玄宗追求享乐，奸臣当道，统治阶级内部矛盾激化
影响	1. 成为唐朝国势由盛转衰的转折点 2. 社会经济遭到破坏，南方经济日益发展，经济重心南移 3. 中央集权被削弱，逐渐形成藩镇割据的局面

5 最早的纸币"交子"为何出现在四川?

买东西带一车硬币是不是不方便逛街? 这个问题在北宋以前是个令人头疼的问题。北宋是我国历史上发展最繁荣的朝代之一，由于经济发展迅速，钱币流通的需求越来越大。纸币没有出现之前，铁钱是人们日常所需的流通币，它最大的缺点就是体重值小，重量太大导致不方便流通。为了解决铁币带来的流通问题，世界上最早的纸币"交子"应运而生。

4-7　北宋最早的纸币"交子"

最早的纸币出现在四川的原因

为什么世界上最早的纸币出现在四川？北宋初期，官方政策规定"铜钱不得入川"，四川地区的金属货币被政府搜刮殆尽，人们常用的流通货币就只有铁钱。

4-8 《货郎图》（北宋 苏汉臣）

这一时期，四川地区经济发展繁荣，商业活动频繁，货币需求量大。但因为铁钱币值小重量大的弊端，人们连日常交易都成问题，经常出现出门买东西或者下馆子要扛着一大袋子钱交易的现象，因此交子应运而生。交子最早就是四川地区民间自发使用的流通货币。

交子是我国最早的纸币，也是世界上最早使用的纸币。它代替铁钱铜币，让商业流通更加便利，不仅促进了货币交易的发展，还开创了民间金融的先河。时至今日，交子在印刷、版画的历史研究方面都有极其重要的价值。

看一眼必须收藏的知识点

交子的流通与假币产生的原因

"交子"的出现缓解了人们日常经济生活中出现的问题，但由于是民间自发的金融交易，"交子"很快就被仿制甚至假交子泛滥成灾。1004年，朝廷正式承认"交子"作为流通纸币，规定用统一的纸张、统一的印文版画印刷，并且标注了各大交子铺的独有标记，做到了官方防伪，交子也开始大面积流通起来。

但在民间流通时间一长，这种版印的交子又被仿制出来，市面上出现假交子。1023年，官方在成都设立了交子务，官方监督制造交子，并且在交子上盖有官印，杜绝了仿制交子的行为。

4-5　最早的纸币"交子"常识表

发行时间	北宋仁宗天圣元年（1023年）
产生的原因	北宋初年，四川地区使用铁钱，体重值小，流通不方便，因此发行纸币代替铜铁币的流通
兴衰历程	最初在民间自发使用，1023年官方发行"交子"，1105年停止发行，改用"钱引"，1107年"钱引"被政府改为官方纸币
防伪技术	交子上刻有宋代风俗画作为防伪标志。使用特殊材料楮纸，且刻画图案复杂，多色套印，不容易仿制。最重要的是官方规定严惩制造假币的人，具有法律保障
历史意义	1.交子是我国最早的纸币，也是世界上最早使用的纸币 2.代替铁钱铜币，商业流通更加便利，促进贸易的发展 3.开创了民间金融的先河 4.在印刷、版画方面都有极其重要的研究价值

6

宋朝为何实行重文轻武的政策？

公元960年，身为后周大将的赵匡胤在开封附近的陈桥驿发动兵变，黄袍加身，改国号为宋，由此开启了北宋的统治。维护国家的统治离不开武将的勇猛之功，那为什么赵匡胤强制实行重文轻武政策？

4-9　宋太祖赵匡胤像

看一眼就要记住的知识点

重文轻武政策的背景和目的

唐朝末年以来，武将专权一直是个弊端，宋太祖赵匡胤深知武将专权的后果，因此他通过"杯酒释兵权"解除了禁军高级将领的"威胁"，并且还定期换防，割断了将领和士兵及地方的联系，导致出现"兵不识将、将不专兵"的现象。

为防止唐末以来武将专横跋扈的现象出现，宋太祖采取抑武扬文的政策，让文臣主持军务，且地位和待遇都高于武将。这种政策最大的弊端就是严重束缚了武将的指挥权。从积极方面来看，此政策扭转了五代十国以来尚武轻文的风气，也杜绝了武将专横跋扈和兵变政移等情况的发生，并且有利于当时政权的稳固和社会的安定。

看一眼必须会背的知识点

重文轻武的原因和措施

北宋实行重文轻武的政策有两大原因。首先就是统治者利用文官节制武将，这样可以有效防止武将专权现象的出现。其次是相对于武将而言，文官对统治者更加忠诚。但也不是绝对的，历史上著名的文官奸臣秦桧和忠诚武将岳飞就是反例。

北宋重文轻武政策的具体措施：第一，采用科举制选拔人才，设立文臣的起用标准；第二，加强士人教育，即鼓励百姓读书，由政府设立书院；第三，强化官僚机构，实现官僚集体决策；第四，加强法律的权威性，重视法制建设，完善司法体系，同时限制武将的权力，确保政治和军事分离。

宋朝实行重文轻武政策，对其统治有一定的积极作用。但宋朝后期也不再实行重文轻武的政策，说明这种政策并没有顺应当时的历史发展潮流，所以也不是绝对正确的政策。

看一眼
就要懂的历史常识

4-6 宋太祖"重文轻武"政策常识表

目的	消除唐末以来武将专横跋扈的弊端
措施	1. 重用文臣，提高文臣的地位和待遇，抑制武将，逐渐形成文臣统兵的局面 2. 发展科举制，重视改革和文化教育
影响	积极影响：杜绝武将专权的情况，削弱地方势力，加强了中央集权，避免了分裂隐患，在一定程度上维护了国家的统一和社会的安定。发展科举制，重视文化教育，形成了宋朝文化昌盛、人才辈出的局面 消极影响：出现了"兵不识将、将不专兵"的现象，束缚了武将的指挥权，削弱了军队的战斗力，并且沉重打击了武将的积极性。文官权势大，数量多，财政支出庞大，使北宋出现积贫积弱的现象

7

北宋灭亡和王安石变法失败有关？

　　王安石是"唐宋八大家"之一，但他还有一个重要身份，即北宋政治家。王安石实行变法的初衷是改变北宋积贫积弱的现状，实现富国强兵的愿望。但王安石的变法遭到守旧派的反对，以失败告终，他也被冠上"北宋灭亡的推手"之名。究竟王安石变法和北宋灭亡有没有关系？

4-10　王安石像

看一眼必须会背的知识点

王安石变法的背景和措施

王安石变法在政治方面的背景是北宋政治风气保守，行政效率低下，且官僚机构膨胀；军事方面，边疆外患，战事不断，北宋屡战屡败，并且赔付了大量的财物；经济方面，官僚和军队开支巨大，财政入不敷出，土地兼并严重，积贫积弱现象严重。

农业的发展是北宋重要的经济基础。宋朝采取"不抑兼并"的土地政策，表面上鼓励土地自由买卖，实际引发了强权夺取农民土地的问题，导致很多农民失去土地，变得更加贫穷，社会动荡，危机加剧。

为了解决一系列社会问题，1069年，在宋神宗的支持下，王安石开始实施变法。王安石采取了青苗法、均输法、市易法、保甲法、募役法等措施。其中的"保甲法"即实行全民皆兵，农闲时，壮丁们学习军事知识并进行军事训练；农忙时处理农事，做到农业和军事切换自如。王安石变法最大的作用就是增加了北宋政府的财政收入，提高了军队的军事实力，增强了综合国力。

看一眼就要记住的知识点

王安石变法失败的原因

王安石变法失败的原因在于，北宋新旧两派长期斗争，政见不合。且王安石的变法措施超出了当时传统体制的承受能力，触动了

顽固派的利益。

北宋的灭亡和王安石变法有一定的关系。一方面，王安石变法遭到保守派的反对，因此存在被人扭曲事实，诬陷他的变法导致北宋灭亡的可能。另一方面，以司马光为首的保守派掌握朝政大权后，迅速废除了王安石的变法举措，导致天下大乱，加速了北宋的灭亡。

从王安石变法的结果可知，变法的成功需要顺应历史潮流，结合实际情况，着眼长远利益，在实践中发现问题并尽快解决问题。最重要的是，一个人的力量是渺小的，变法者应该重用贤才，不能只一味选择支持变法的人，而不注重选才的人品道德。

看一眼
就要懂的历史常识

4-7　北宋"王安石变法"常识表

背景	北宋出现"冗官、冗兵、冗费"危机；庆历新政失败后，宋神宗和王安石力图通过改革实现富国强兵
措施	富国方面：采取青苗法、募役法、农田水利法、方田均税法、市易法等 强兵方面：保甲法、将兵法等 教育方面：改革科举制、改革学校制度
作用	增加了北宋政府的财政收入，提高了军事实力
结果	变法失败。原因：新旧两派长期斗争，政见不合。王安石的变法措施超过了当时传统体制的承受力，触动了顽固派的利益，遭到他们反对

8 "唐宋八大家"里为什么没有李白?

"兴酣落笔摇五岳，诗成笑傲凌沧洲。"这两句诗被后人认为是李白最狂傲的诗句。盛唐时期的文学大家中，李白的地位无可替代，但是为什么李白不在"唐宋八大家"之列？

简单来说，李白在我国历史上流芳百世源于他的诗歌成就。但是唐宋八大家是以散文的成就作为划定标准的，因此李白并不在其中。

4-11　李白像

149

唐宋八大家的起源

唐宋八大家一般是指唐代的韩愈、柳宗元和宋代的苏洵、苏轼、苏辙、王安石、欧阳修、曾巩八位散文大家。这八位又被称为唐宋古文八大家，原因是他们都在自己所处的时期掀起了古文运动的热潮，促进了散文的发展。

"唐宋八大家"最初起源于明朝初年朱右编写的《六先生文集》，因为朱右把苏洵、苏轼、苏辙三人并为一家之谈，因此把八位文学家称为"六先生"。到了明中叶，茅坤重新整理编写了《八先生文集》和《唐宋八大家文钞》，在我国历史上确立了"唐宋八大家"的地位。

4-12 韩愈像

看一眼必须收藏的知识点

古文运动的特点

唐宋时期的古文运动主要指以唐宋八大家为代表的一些文人提倡古文、反对骈文的文体改革运动。最早提出"古文"概念的人是韩愈，"古文"指先秦及后世优秀的散文。与古文相对的是骈文，骈文指的是六朝以来对仗工整、声律辞藻讲究的文体。古文运动的目的在于恢复古代儒学，试图通过对古文的重新解读，改革文风。

看一眼
就要懂的历史常识

4-8　唐宋八大家常识表

人物	韩愈、柳宗元、欧阳修、苏洵、苏轼、苏辙、王安石、曾巩
背景	最早出现在明初朱右的《六先生文集》，当时朱右把"三苏合为一家"，所以称为"六先生"，实际有八个人。明中叶，茅坤重编《八先生文集》和《唐宋八大家文钞》，在我国历史上确立"唐宋八大家"的地位
影响	作为唐宋古文运动的核心人物，唐宋八大家提倡古文，反对骈文，对当时乃至后世的文学发展产生了深远影响

9

宋朝逛夜市可以去哪里?

　　对于古代人熬夜干什么，我们可能想象不到，但通过北宋张择端的《清明上河图》，我们不仅能够直观地了解到当时北宋都城东京（今河南开封）的自然风光，还能大致了解城市繁荣的面貌以及社会各阶层人民的生活状况。北宋的繁荣不是说出来的，想象一下，如果在宋朝逛夜市可以去哪里?

4-13　《清明上河图》局部（北宋 张择端）

看一眼必须收藏的知识点

宋朝产生夜市的原因

宋朝初期的时候实行宵禁制度，到宋中期之后，宵禁才被完全解除。宵禁的解除加上营业时间和地点不受限制，极大地促进了夜市文化的发展。宋朝的夜市是我国历史上最早的夜市，杂货买卖、美食小吃、娱乐项目应有尽有。当时最繁华热闹的商业聚集区称为"瓦舍"，在瓦舍里设置的演出场所叫"勾栏"，里面集齐民间和宫廷的"百艺"之长。

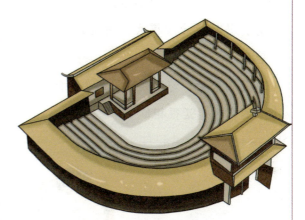

4-14　勾栏全景示意图

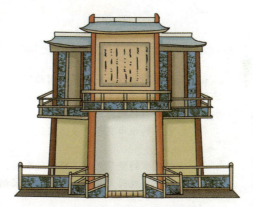

4-15　勾栏舞台示意图

"夜市直至三更尽，才五更又复开张。如要闹去处，通晓不绝。"宋代孟元老的《东京梦华录》记载了东京商业手工业中三十多种行业，提到一百多家店铺，其中酒楼和饭店占多数，并且还统

计了六十多种美食小吃。自从宋朝产生夜市后，我国封建时期的商品贸易达到顶峰。

夜市出现的根本原因是统治者的大力支持，也是历史发展的必然趋势。宋朝夜市的繁荣促进了经济的发展，吸引了大量的劳动力，并且夜市规模大，商贾云集，使宋朝的文化更具多元性和包容性。

瓦舍繁荣，勾栏盛况，那个年代宋朝人的夜市生活已经和我们今天的夜市生活很相似了。

看一眼
就要懂的历史常识

4-9 宋朝的夜市常识表

产生的原因	1. 宵禁的解除，突破了时间的限制 2. 商品种类繁多，吃喝玩乐样样俱全 3. 瓦舍勾栏的出现，促进了夜市经济发展 4. 最早的纸币交子产生，促进商业贸易的发展
影响	宋朝夜市的繁荣促进了经济的发展，吸引了大量的劳动力就业，并且夜市规模大，商贾云集，使宋朝的文化更具多元性和包容性

第五章

对峙与崛起：

元明清时期的多民族发展

1 历史上由少数民族建立的朝代有哪些？

很多人了解"契丹族"是从乔峰开始。乔峰是金庸武侠小说《天龙八部》里的男主角，真实身份是契丹人。契丹是我国北方古老的民族之一，"契丹"之名最早见于公元554年成书的《魏书》。唐末，契丹首领耶律阿保机称帝建国，国号契丹。除契丹外，我国历史上由少数民族建立的朝代还有哪些呢？

看一眼必须收藏的知识点

历史上的少数民族政权

隋唐时期，北方的契丹族和汉族在经济文化方面已经有密切联系。到了10世纪初，契丹族的首领耶律阿保机统一契丹部落，建立政权，国号契丹，后由辽太宗改国号为辽，契丹正式登上历史舞台。

北方契丹崛起，我国西北地区的党项族也在11世纪前期建立西夏政权，开国皇帝为李元昊。契丹和党项两族学习唐宋制度，还创制了各自的文字。辽和西夏与北宋对峙，经历了长期的战争。各方议和后相互进行商业往来，促进了各国经济文化的交流发展。

5-1 辽墓壁画《契丹人引马图》

除辽和西夏外，历史上由少数民族建立的政权还有鲜卑族在南北朝时期建立的北魏、西魏、东魏、北周、北齐，沙陀族在五代时期建立的后唐、后晋、后汉，女真族在南宋时期建立的金朝，蒙古族建立的元朝，满族建立的清朝。其中，蒙古族建立的元朝是我国历史上首个由少数民族建立的大一统王朝。

看一眼必须会背的知识点

少数民族建立政权后为什么要进行汉化改革？

以北魏孝文帝汉化改革为例，为什么少数民族建立政权后主动选择汉化政策？主要的原因就是统治者想利用中原地区的政治资源来合理地加强统治。

不可否认的是，古代少数民族在各个历史时期建立政权，不仅促进了各地区的经济文化发展，还为多民族国家的统一奠定了基础。尤其是边疆地区建立的民族政权，有利于把分散的民族部落统一起来，相互交流，相互促进。

看一眼
就要懂的历史常识

5-1 我国历史上少数民族政权常识表

民族	朝代	建立者	时间
鲜卑族	北魏、西魏、东魏、北周、北齐	拓跋珪（北魏）、元宝炬（西魏）、元善见（东魏）、宇文觉（北周）、高洋（北齐）	北魏公元386年—534年 西魏公元535年—556年 东魏公元534年—550年 北周公元557年—581年 北齐公元550年—577年
沙陀族	后唐、后晋、后汉	李存勖（后唐）、石敬瑭（后晋）、刘知远（后汉）	后唐公元923年—936年 后晋公元936年—947年 后汉公元947年—950年
契丹族	辽	耶律阿保机	公元907年—1125年
党项族	西夏	李元昊	1038年—1227年
女真族	金	完颜阿骨打	1115年—1234年
蒙古族	元	忽必烈	1271—1368年
满族	清	努尔哈赤	1616—1911年

2

马可·波罗为什么来元朝生活?

　　马可·波罗是意大利著名的旅行家，他17岁的时候就启程来中国，并用了4年的时间，在1275年的时候到达元朝的都城上都。按理说，作为世界级的旅行家和商人，马可·波罗最大的爱好应该是环游世界。但当时马可·波罗在元朝生活了17年之久。为什么意大利人马可·波罗会在元朝生活那么久?

5-2　马可·波罗像

马可·波罗来元朝的契机

这一切的契机都可以归在马可·波罗的商人父亲和叔叔身上。他们作为商人经常到海外贸易，并且在来东方经商的时候到过元朝的上都，见过了忽必烈，还给他们的罗马教皇带回了忽必烈的信。那时，年幼的马可·波罗对这个神秘的东方国家感到十分好奇，但直到17岁的时候才和父亲、叔叔一起带着罗马教皇的回信和礼品踏上来元朝的路。

马可·波罗在元朝生活期间，他看到了许多从来没见过的东西。当时元朝的大运河已经全线贯通，马可·波罗想从北方去南方，最快的方式就是走大运河。马可·波罗也是第一个走完大运河全程的外国人。

《马可·波罗游记》诞生的意义

马可·波罗在环游世界后，把自己游历地中海、欧亚大陆和中国的经历口述成《马可·波罗游记》，这是第一部较全面地向欧洲人介绍中国丰富的物质和精神文明的著作。正因为这本书，西方掀起了寻访中国的热潮，极大地促进了中西方文化交流及西方航海事业的发展。

《马可·波罗游记》既是向欧洲人介绍东方的著作，也是研究我国元朝历史的重要著作。它激发和鼓舞了很多航海家的冒险精神，也为中世纪绘制世界地图提供了参考。

"少小离家老大回，乡音无改鬓毛衰。"从某种程度上看，马可·波罗就像那位离家远航的"鲁滨逊"，探险和回家的航海之路很漫长，长到马可·波罗从17岁出发，直到40多岁才回到家。马可·波罗扬帆起航的探险精神值得我们学习。

看一眼
就要懂的历史常识

5-2　历史上著名的外国航海事件常识表

时间	人物	成就	航线
1492—1493年	哥伦布	"发现"美洲大陆	先后到达巴哈马群岛、古巴岛、海地岛、多米尼加岛等地，在帕里亚湾南岸首次登上美洲大陆
1497—1498年	达·伽马	从欧洲绕好望角到达印度的航线开拓者	从葡萄牙首都里斯本出发，经过加那利群岛，绕过好望角，经过莫桑比克等地区，到达印度
1519—1522年	麦哲伦船队	完成了人类首次环球航行	航线分为六段，分别是大西洋段、麦哲伦海峡段、太平洋段、东南亚段、印度洋段以及返航的大西洋段

3

四大发明最初的作用是什么？

5-3　四大发明示意图

看一眼必须收藏的知识点

火药的产生源于偶然

　　化学家在古代有个正规的身份叫"炼丹家"，他们使用硫黄、砒霜等具有剧毒的金石药物做实验的行为被称为"炼丹术"。他们

"炼丹"的最终目的在于追求长生不老药。结果，在炼丹的过程中，火药被偶然发明了出来。

火药最初被制造出来，因为不能解决长生不老的问题，炼丹家们对它不感兴趣。后来配方落到军事家手里，演变成了我国古代四大发明之一的火药，常用于军事方面。在生活中也有火药的身影，爆竹烟花就是用火药制造出来的，逢年过节都能派上用场。

看一眼必须会背的知识点

我国历史上的古今四大发明

最早提出"四大发明"这一概念的是英国的汉学家李约瑟。除了火药，另外三种发明分别是造纸术、指南针和印刷术。四大发明对我国古代的政治、经济、文化等方面的发展具有推动作用，对世界文明的发展也有极大的影响。

指南针是四大发明中历史最悠久的，发明于战国时期，最开始叫司南，是世界上最早的指向仪器。到了北宋时期，指南针开始被用于航海事业，南宋时已经被广泛运用，被称为"水手之友"。

雕版印刷术发明于唐朝，当时印制的《金刚经》是现存世界上唯一的一份标有确切日期的雕版印刷作品。北宋时，毕昇发明了活字印刷术，促进了印刷事业的发展。我国古代的印刷术对欧洲思想解放起到直接的促进作用。

5-4　唐代《金刚经》刻本

　　西汉前期已经有了基本的造纸方法，到了东汉，宦官蔡伦改进造纸工艺，其"蔡侯纸"被广泛应用，并且被人们称为真正的纸。蔡伦也被正式认可为造纸术的发明者。当时世界各国的造纸术都是从我国流传过去的。

　　阿拉伯人对我国古代四大发明传播到西方做出了巨大贡献。时至今日，随着科技创新的发展提升，我国"新四大发明"——高速铁路、扫码支付、共享单车、网购已然被时代赋予了新的使命，对中外文化交流起到重要作用。

看一眼
就要懂的历史常识

5-3　四大发明常识表

古代四大发明	指南针、造纸术、火药、印刷术
新四大发明	高速铁路、扫码支付、共享单车、网购

4 强盛的明朝为什么会走向灭亡？

从世界历史的大背景来看，明朝在当时属于什么地位？据学者研究，明朝万历年间的人口超过1亿，古代社会以人力为生产力的基础，从人口来看，明朝当时属于世界级人口大国。同时期的法国是当时欧洲最强大的国家，据记载人口约在1600万至2000万之间。

论政治、经济、文化的发展，明朝绝对属于繁荣昌盛的一类。作为当时世界上强大的国家之一，又有明太祖朱元璋那样的优秀领导者，明朝为何后来会走向衰败灭亡呢？

看一眼必须会背的知识点

明朝灭亡的原因

其实在明朝中后期，政治上就出现了腐败现象。当朝皇帝不仅没有解决问题，反而沉迷享乐，疏于朝政。明神宗长期不上朝，导致朝政机构瘫痪，政事乏力；明武宗游山玩水，强抢民女，把政权

交给宦官（刘瑾）；明熹宗沉迷木器，不理政事，同样把朝政大权交给了宦官（魏忠贤）。

明朝灭亡的两大原因：内忧方面，朝政混乱。大臣们结党营私、贪赃枉法，皇宫内部钩心斗角，贵族和地主兼并土地、剥削百姓，一时间朝堂上下纷争不断，百姓流离失所，社会动乱不堪。外患方面，起义不断。以李自成为首的起义军进入中原，因提出"均田免赋"的口号受到广大农民的拥护。1644年，李自成建立政权，国号大顺。同年4月，李自成率领百万大军攻入北京，崇祯帝自缢身亡，明王朝也结束了其276年的统治历史。

看一眼必须收藏的知识点

明朝的历史影响

明朝对我国历史产生深远影响，主要表现在：明朝的政治制度得到充分发展和完善，有效地维护了国家的稳定和统治。同时，明朝的经济也得到了极大的发展，经济之繁荣在历史上屈指可数。思想文化方面，完善科举制，不论是诗词书画，还是小说戏曲都取得了重大成就。

明朝灭亡的根本原因是社会危机严重，各方面体制崩溃，国力衰微，加上常年战争，很多百姓为了生存走上起义之路。明朝覆灭给后世最大的启示就是统治者如果对朝政漠不关心，国家各方面制度出现问题却避而不理，亲小人远贤臣，这样的朝代就算再繁荣强大也注定摆脱不了灭亡的悲剧。

看一眼
就要懂的历史常识

5-4　明朝的建立与灭亡历史常识表

时间	1368年1月23日至1644年4月25日
建立者	朱元璋（明太祖）
首都	南京、北京
货币	大明通宝、大明宝钞
灭亡的原因	社会危机严重，体制崩溃，战争频发，农民起义

5

朱元璋为何不允许立丞相？

　　历史上有名的丞相有李斯、萧何、曹操、诸葛亮等，这个官职是秦武王时期正式设立的，到明洪武十三年（1380年）的时候被明太祖朱元璋废止。自设立到废止的1600多年间里，因各朝制度的不同，这一职务在不同的朝代有不同的官职对应，且总的来说在历史上存在的时间不算短。"丞相"可谓是一人之下万人之上的官职，为什么朱元璋说废止就废止了？

看一眼必须收藏的知识点

明朝的政治制度

　　朱元璋认为元朝灭亡是因为地方分权和朝臣的权力过大。为了巩固统治，恢复经济发展，朱元璋在政治上把从地方到中央的官制进行改革，加强皇权统治。在地方官制上，朱元璋把原来行中书省的权力一分为三，设立了"三司"，即掌管民政和财政的布政使司、掌管司法的按察使司、掌管军务的都指挥使司，互不统属，互相监督。在中央官制上，为了进一步集中权力，朱元璋废除丞相制度和中书省，提高吏、户、礼、兵、刑、工六部的地位并提升其职权，让其直接向皇帝负责。

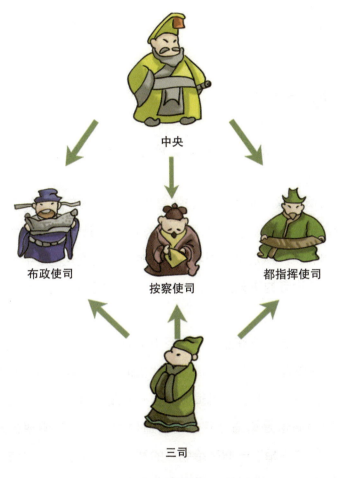

中央

布政使司　　　　按察使司　　　　都指挥使司

三司

5-5　明朝"三司制"

明朝权力机构中还有一个最为著名的机构，为了监视官民，

朱元璋设立了锦衣卫。到明成祖时期，又设立了同类性质的东厂。两个机构合称为"厂卫"，主要职权就是掌管侍卫、缉捕、刑狱诸事，保护皇帝，镇压官民。"厂卫"机构由皇帝直接指挥，是君主专制进一步强化的主要表现。其作用是作为皇帝的耳目和爪牙，监督官员和民众。

看一眼必须会背的知识点

朱元璋加强皇权措施的影响

朱元璋采取一系列措施加强皇权，从积极方面看，有利于巩固统治，维护统一的多民族国家的发展，为社会经济的发展创造了有利的环境。从消极方面看，明朝的政治制度走向专制和僵化，容易造成统治者的决策失误，并且君主专制的强化也为明朝统治埋下隐患。

"以后嗣君并不许立丞相。臣下敢有奏请设立者，文武群臣即时劾奏，处以重刑。"朱元璋立下"祖训"，明确告诫子孙后代不得设立"丞相"一职。朱元璋废除丞相制度，也不允许后代设立，这样的行为看似是霸道专权且不讲道理的，但作为明朝的开国皇帝，他深知"丞相"一职带给朝廷的利与弊，为了明朝的统治能持续到千秋万世，他选择废止了存在上千年的丞相制度。

看一眼
就要懂的历史常识

5-5　朱元璋强化皇权的措施常识表

官制改革目的	巩固统治，恢复经济发展，加强皇权
地方制度	设立"三司"，即掌管民政和财政的布政使司、掌管司法的按察使司、掌管军务的都指挥使司，互不统属，互相监督分封诸子为王，监控地方，巩固皇权
中央制度	废除丞相制度和中书省，提升六部职权，直接向皇帝负责。设立五军都督府，将军队调动和武官任命的权力统归兵部，皇帝直接掌握军事大权
厂卫制度	明太祖朱元璋设立锦衣卫，明成祖朱棣设立东厂
制度特点	六部互不统属，又互相牵制，各自向皇帝直接负责，有利于权力的分散和制衡

6

郑和几次下西洋？

明代航海家郑和是云南昆阳州（今云南省昆明市晋宁区）人，年轻的时候服侍燕王朱棣，后因在靖难之役中有功，被升为内官监太监。永乐三年（1405年），郑和首次开始航海活动，宣德五年（1430年）进行了最后一次航海活动。郑和以正使太监的身份一共受命下了七次西洋。这里的西洋并不全是我们今天所说的大西洋，明代把婆罗洲（加里曼丹岛）以西的海洋简称为"西洋"。

看一眼必须会背的知识点

郑和下西洋的历史意义

郑和的七次航行，船队都是从南京出发，到江苏太仓的刘家港集结，然后开到福建福州的长乐太平港停泊，伺风启航。郑和船队主要航行在西太平洋和印度洋，其间到过30多个国家和地区，最远到达了东非和红海地区。

5-6　郑和航海图（局部）

郑和下西洋是我国古代规模最大、船只和海员最多、时间最久的海上航行活动。从外交方面来看，明朝当时的外交目标为"不征"，意思就是以不动兵戈的方式威服众邦。除此之外，明朝初年，建立了规模庞大的官营船业，与外国的海外贸易频繁，经济繁荣发展。造船业发达，罗盘技术提升，航海水平达到当时世界先进水平。以上都为郑和下西洋提供了经济基础和物质条件。

看一眼就要记住的知识点

郑和下西洋的目的

郑和下西洋的目的，政治上主要是为了宣扬国威，经济上是扩展朝贡贸易，外交上是加强与海外各国的联系。郑和下西洋揭开了

世界大航海时代的序幕，明朝希望通过此事件建立和平和谐的国际社会秩序。

郑和下西洋不仅体现了中华民族睦邻友好、自强不息的优良传统，也传播了优秀的中华文明，促进了中外文化的交流与发展。时至今日，中外文化的交流仍在继续。郑和下西洋为后世航海提供了宝贵的经验，同时也开辟了中华民族从海上走向世界的新纪元。

看一眼
就要懂的历史常识

5-6 郑和下西洋的历史常识表

起止时间	1405年至1433年
次数	七次
人数	第七次达到27550人
途经国家	30多个国家和地区
目的	宣扬国威，促进对外交流发展
地位	郑和下西洋是我国古代规模最大、船只和海员最多、时间最久的海上航行活动

7

戚继光为什么组建戚家军?

　　如果抗倭也有"封狼居胥"般的至高荣耀,戚继光获此殊荣绝对实至名归。戚继光是明朝杰出的抗倭名将,被尊称为"民族英雄"。戚继光走上抗倭之路并不是偶然,1544年,他承袭父亲的职位任登州卫的指挥佥事,到1555年又调至浙江御倭前线,任宁绍台的参将。也正是借这次机会,戚继光到浙江义乌招募农民和矿工10000多人,组建成新军,人称"戚家军"。

看一眼就要记住的知识点

戚家军产生的背景

　　戚家军配备了精良战船和兵械,加上戚继光创立的战术"鸳鸯阵",作战灵活,能攻能守,且每战多捷。这支队伍勇猛善战,屡立战功,在抗倭斗争中起到决定性作用,在明朝历史上建立了伟大的功绩。

　　戚家军产生的国外背景:当时日本处于南北分裂时期,社会

175

动乱，一些失意的武士和贪婪的商人勾结海盗，在中国和朝鲜沿海地区肆意登陆劫掠。由于中国古代称日本为倭国，这些沿海劫掠走私的日本海盗集团被称为倭寇。国内背景：明朝时，我国东南沿海地区经济发达，贸易兴盛，地理位置上离日本近，连明朝的官僚和富豪都曾下海经商，一部分官僚、奸商更是与海盗勾结。明嘉靖年间，海盗猖獗，倭患严重，明政府虽多次派遣官吏加强海防，但官员腐败无能，海防难有成效。为了平定倭患，嘉靖后期涌出戚继光、俞大猷等抗倭名将，他们组建各自的新军，先后平定倭寇海盗。

5-7 《倭寇图卷》局部（明代 仇英）

看一眼必须收藏的知识点

戚家军的历史意义

戚家军的历史意义主要体现在军事方面，第一，在抗倭胜利之后，锻造了一支纪律严明、战术先进、训练有素的勇猛军队，为明政府在南方沿海地区建立了有力的、值得信赖的海防军队；第二，戚家军抗倭胜利证明了戚继光军制改革的成功，更难得的是他以此为明政府培养了大批的军事人才；第三，戚家军抗倭胜利后，戚继光写了《纪效新书》和《练兵实纪》两部重要的兵书，为我国军事理论的发展做出了重要贡献。

戚继光领导的戚家军抗倭战争是一场反侵略战争，其抗倭的胜利离不开广大人民群众的支持以及其他抗倭将领的配合。

看一眼
就要懂的历史常识

5-7 "戚家军"历史常识表

创立者	戚继光
成员	明朝浙江义乌的农民和矿工
特点	纪律严明、训练有素、战术灵活、能征善战
齐名军队	俞大猷的"俞家军"，其本人与戚继光并称为"俞龙戚虎"
历史意义	戚家军抗倭胜利在社会政治方面起到积极影响，首先，既保卫了家园，避免百姓流离失所，又为东南地区的经济发展创造了安定的环境，对恢复沿海经济起到重要作用。其次，戚家军抗倭胜利坚定了国人对抗侵略的信心，增强了反侵略的斗志
明朝四大抗倭名将	戚继光、俞大猷、谭纶、卢镗

8

明清时期有哪些小说著作?

自秦汉到明清时期,每个时代都有自己的主流文学体裁,汉赋、唐诗、宋词、元曲、明清小说成为我国古代文学的主流形式。文学艺术源于生活而高于生活。明清时期,反映市井文化的小说、戏剧非常兴盛,尤其是小说创作最为流行,在我国古代文学发展史上占有重要地位。

看一眼必须收藏的知识点

我国古典文学"四大名著"

明朝著名的长篇章回体小说《三国志通俗演义》《水浒传》《西游记》和清代长篇小说《红楼梦》合称为我国古典文学的"四大名著"。

此外,明代优秀的小说代表作品还有许仲琳(有争议)的长篇小说《封神演义》、冯梦龙的"三言"《喻世明言》《警世通言》

《醒世恒言》及凌濛初的"二拍"《初刻拍案惊奇》《二刻拍案惊奇》等。清代小说代表作品还有吴敬梓的长篇小说《儒林外史》、蒲松龄的文言短篇小说集《聊斋志异》及李伯元的长篇小说《官场现形记》等。

明清时期是我国小说史上的繁荣时期。为什么明清时期小说创作会兴起？最重要的原因是印刷术的成熟和出版业的发展，使阅读成本降低，并且随着城市的发展和市民阶层的扩大，商品经济得到了长足的发展，市民阶层对"俗"文化的需求，促使了小说这种更大众化的艺术形式的兴起。

看一眼必须会背的知识点

明清小说的特点

明清小说的特点主要有题材广泛、批判社会、风格写实、技巧成熟。题材方面，明清时期不论是社会阶级矛盾还是民族冲突都为小说提供了广泛的素材。批判社会方面，明清小说家借助作品对社会现象进行揭示和批判。风格方面，明清小说以真实生活为基础进行创作，其内容反映了当时的市井生活和市民的精神世界。技巧方面，写作技巧成熟，善于运用悬念、反转等手法创造紧张刺激的故事情节。

明清小说是我国小说发展史上的里程碑，对后世的小说创作及发展都产生了深远的影响。小说作品描绘了人性的复杂和社会百

态，在现实生活中具有道德借鉴或警示的意义，适当阅读文学名著有利于陶冶情操，开阔视野，提高自己的写作能力。

5-8　中外四大名著常识表

	书名	作者	创作时间
中国四大名著	《西游记》	吴承恩	1560年至1580年
	《水浒传》	施耐庵	元末明初
	《三国演义》	罗贯中	洪武年间
	《红楼梦》	曹雪芹（后四十回为高鹗）	1791年（乾隆五十六年）
欧洲四大名著	《荷马史诗》	荷马（古希腊）	前9世纪至前8世纪
	《神曲》	但丁（意大利）	1307年至1321年
	《浮士德》	歌德（德国）	1768年
	《哈姆雷特》	莎士比亚（英国）	1599年至1602年

9

清朝君主专制有多狠？

明朝的锦衣卫组织，可谓"一人之下，万人之上"，直接对皇帝负责，地位甚高。为了加强君主专制，清朝也设立了一个严密的组织，叫军机处，是当时的国家最高权力机关，相当于皇帝的秘书机构。

看一眼就要记住的知识点

军机处和南书房的特点

军机处有个规定：非军机处人员进入军机处当斩。即不论是皇亲国戚还是高官贵族，但凡有人擅自闯入军机处，不论身份一律斩首，以儆效尤。

军机处是雍正年间设立的，由皇帝选派的亲信大臣组成，主要职责就是辅佐皇帝处理政务。军机处的设立有利于皇帝独揽朝政大权，得到至高无上的权威，进一步加强了君主专制。

比军机处设立还早的同类型机构是南书房。皇太极崇德二年

（1637年），议政王大臣会议正式创建，满族上层贵族借此参与讨论国政，凡国家大事必须经过议政王大臣会议讨论，一旦决定后连皇帝都不能更改。在这种背景下，为了加强君主专制，康熙设立了南书房，直接为皇帝草拟谕旨和处理奏章，从而绕过议政王大臣会议。军机处设立后，议政王大臣会议基本名存实亡，因此到乾隆时期直接被废除。

看一眼必须收藏的知识点

清朝的文字狱和文化专制政策

清朝强化君主专制的措施除了设立南书房和军机处，还在思想文化上采取了文字狱和文化专制政策。康熙、雍正、乾隆三朝时期，为了从思想上严格控制知识分子，统治者从知识分子的作品中摘取字句，罗织罪名，制造了大批的冤狱，有人不仅为此丢了性命，还连累了亲属好友，历史上把这一系列案件称为"文字狱"。

文字狱的推行，最大影响在于禁锢了人们的思想言论，阻碍了思想文化的发展。为了维护中央集权的统治，清朝统治者一方面提倡尊孔读经，另一方面组织对全国进行检查，把对清朝统治不利的书籍列为禁书并销毁，这场文化专制活动持续了20多年。

从积极方面来看，加强君主专制有利于维护统治者的权益，稳定社会政治局面。但从消极方面来看，清朝霸道蛮横的君主专制制度阻碍了我国社会的进步和资本主义萌芽的发展。

5-9 清朝加强君主专制的措施常识表

南书房	直接为皇帝草拟谕旨和处理奏章，从而绕过议政王大臣会议
军机处	雍正年间设立，由皇帝选派的亲信大臣组成，主要职责就是辅佐皇帝处理政务
文字狱	从知识分子的文章、诗词中摘取只言片语，歪曲解释，借题发挥，制造大批冤狱，有很多人因此被处死，累及亲属好友，历史上称为"文字狱"
文化专制	一方面提倡尊孔读经，另一方面组织对全国进行检查，把对清朝统治不利的书籍列为禁书并销毁，这场文化专制活动持续了20多年

10

清朝收复了哪些地区?

清朝是统一的多民族国家，也是我国历史上多民族统一国家进一步巩固和发展的关键时期。自古安定边疆都是国家的头等大事，为了巩固统治，维护社会稳定发展，清朝时期收复了哪些地区？

看一眼必须收藏的知识点

郑成功收复台湾

明朝末年，我国宝岛台湾被荷兰殖民者侵占，在台湾实行殖民统治。到了清朝初期，在福建沿海地区抗清的明将郑成功决心收复台湾。

南明永历十五年（1661年），郑成功率军2.5万直达台湾，登陆后受到当地人民的热烈欢迎。荷兰殖民者分成水陆两

5-8　郑成功像

批来反攻。1662年，郑成功发动总攻，荷兰殖民者被迫投降，结束了对台湾长达38年的殖民统治。

看一眼必须会背的知识点

设置驻藏大臣的历史背景

西藏地区并不是被武力收复。清军入关后，顺治九年（1652年），西藏地区的藏传佛教格鲁派的首领五世达赖喇嘛主动到京城朝贺，顺治帝不仅赐给他金册和金印，承认其地位，而且正式授予其封号"达赖喇嘛"，还专门拨款修建了布达拉宫。

1713年，康熙帝册封了格鲁派另一位首领为"班禅额尔德尼"，后来历代的藏区统治者被称为"达赖"和"班禅"，并且都必须经过清政府的册封。1727年，清政府在西藏设置驻藏大臣，监管西藏地方政务。1793年，清政府颁布《钦定藏内善后章程》29条，规定驻藏大臣和达赖、班禅权力相等，共治西藏。

看一眼就要记住的知识点

左宗棠收复新疆伊犁地区

1865年，阿古柏侵占新疆后，沙俄因对1860年签订的《中俄北京条约》心生不满，趁机承认阿古柏政权，并且出兵强占中国伊

犁地区。1875年，左宗棠被光绪帝任命为钦差大臣，督办新疆军务。1878年，清军收复新疆，粉碎了英、俄勾结阿古柏侵占新疆的图谋，既维护了我国领土的主权，也沉重打击了侵略者的嚣张气焰。

清朝对各地区的统一和管辖，不仅奠定了我国近现代的版图基础，还进一步加强了中央集权，尤其加强了对边疆和少数民族地区的控制，维护了清王朝的统治。

看一眼
就要懂的历史常识

5-10 清朝的统一历史常识表

收复/管辖地区	人物	时间	历史意义
台湾	郑成功	1662年	清朝对各地区的统一和管辖，奠定了我国近现代的地理版图基础，进一步加强了中央集权，尤其加强了对边疆和少数民族地区的控制，维护了清王朝的统治
西藏（管辖）	驻藏大臣（官职）	1727年	
	达赖喇嘛	1751年	
新疆	左宗棠	1876年4月至1878年1月	
黑龙江流域	清政府	1685年和1686年	

第六章

内忧与外患：
鸦片战争到辛亥革命的反侵略之战

1

林则徐一把火惹出了"祸"？

　　清朝的鸦片危害究竟有多严重？可以这么说，当时的中国"十室之中必有烟馆，十人之中必有烟民"，吸食鸦片的人，上到王公贵族下到贫苦百姓，整个社会混乱不堪。这个时候，清朝大臣林则徐站出来禁烟，他把鸦片搜缴起来，让吸食者无烟可吸。1839年，被任命为钦差大臣的林则徐在广东虎门集中销毁鸦片。此事件成为鸦片战争的导火索，有人因此认为是林则徐销烟惹的祸。

 看一眼就要记住的知识点

鸦片战争的背景

　　鸦片战争前，清政府腐败无能，吏治败坏，导致英国的鸦片轻易流入中国市场。由于鸦片输入的数量急剧增加，英国成为这场"贸易"的主导者，获得了巨大的利润，而清政府国库空虚，货币外流，经济面临严重的危机。

6-1　中英签订《南京条约》场景画

英国在 1840 年对中国发动了非正义的侵略战争，被称为鸦片战争。鸦片战争以中国失败并割地赔款而告终，使中国开始沦为半殖民地半封建社会，这也成为中国近代史屈辱的开端。1842 年，中英双方签订《南京条约》，这是中国近代历史上第一个丧权辱国的不平等条约。条约索赔 2100 万银元，其中 600 万是中国赔偿英国的鸦片烟价。

第二次鸦片战争发生在 1856 年至 1860 年，英国和法国为了进一步打开中国市场，攻入北京，除了掠夺财宝，还烧毁了清朝皇家园林圆明园。第二次鸦片战争失败后，清政府又被迫签订《天津条约》《北京条约》，俄罗斯也趁火打劫，强迫清政府签订《瑷珲条约》等一系列条约。

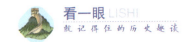

看一眼必须收藏的知识点

鸦片战争失败的原因

　　清政府在两次鸦片战争中失败，原因是多方面的。首先，当时的清朝政府腐败无能，统治者决策错误。其次，长期实行闭关锁国政策，导致封建经济落后，军事技术和装备落后，与西方国家相差甚远。

　　两次鸦片战争失败后，清政府被迫签订了很多不平等条约。清朝以天朝上国自居，盲目自大，故步自封，阻碍了世界先进技术和思想文化传入中国。落后就要挨打，鸦片战争的爆发是历史发展的必然，与林则徐的销烟行为无关。因为清政府无论采取什么措施，都阻挡不了西方列强利用侵略战争的手段打开中国市场的企图。

看一眼
就要懂的历史常识

6-1　两次鸦片战争历史常识表

战争	第一次鸦片战争	第二次鸦片战争
时间	1840—1842年	1856—1860年
侵略者	英国	英法联军
直接原因	林则徐虎门销烟（导火索）	不满足于既得利益，提出修改条约被清政府拒绝。英法分别借口"亚罗号事件"和"马神甫事件"发动战争
根本原因	英国为了打开中国市场，倾销鸦片	企图进一步打开中国市场、扩大利益
条约	《南京条约》	《瑷珲条约》《天津条约》《北京条约》等
影响	中国开始沦为半殖民地半封建社会	中国的半殖民地化程度进一步加深，俄国趁机割占我国北方150多万平方千米的领土

火烧圆明园时慈禧在哪里?

1860年，第二次鸦片战争接近尾声。英法联军放的那把火在圆明园烧了三天三夜，300多位太监、宫女、工匠等葬身火海，烟雾遮天蔽日，弥漫了整个北京城。这件事是世界文明史上罕见的暴行。发生这样惨烈的列强侵占损毁事件，当时清政府的统治者究竟在哪里?

不少人发出疑问，火烧圆明园的时候，慈禧逃去哪里了? 1840年第一次鸦片战争爆发时，1835年出生的慈禧才5岁。1852年，已经17岁的慈禧入宫成为咸丰帝的妃嫔，到1860年火烧圆明园的时候慈禧25岁，那会儿她是贵妃身份，还没掌权。当英法联军闯入圆明园时，

6-2　圆明园遗址

咸丰帝命弟弟恭亲王奕䜣作为议和大臣留在北京，自己则逃到了承德避暑山庄（河北承德）。作为咸丰帝的妃嫔，慈禧自然也跟着一起逃往了承德。

看一眼必须收藏的知识点

火烧圆明园的历史原因

为什么会发生英法联军火烧圆明园的事件？自第二次鸦片战争爆发以来，英法联军一路打到天津城下，清政府派人议和，指定英法联军只能从天津北塘登陆。英法联军置之不理，执意从大沽口登陆，遭到驻守清军的炮击。后来在谈判的时候，清政府拒绝了他们的无理要求。1860年，英法联军攻入北京，为了报复清政府，以清政府在圆明园囚禁英法俘虏为借口，表面寻人，实际展开了疯狂的报复行动。

火烧圆明园对我国近代社会产生了很大的影响。政治上，加深了中国与西方列强之间的矛盾，更多的西方列强开始谋划侵占我国领土。文化上，大量的文化典籍被烧毁，文物珍宝被掠夺，损失惨重。

火烧圆明园不是历史的必然，如果清朝国富兵强，廉洁自守，统治者开阔视野，放眼世界，当列强来袭，举全国之力一致对外，我国的历史可能会被改写。至今，仍有很多文物流落海外，无声诉说着这段屈辱的历史。

看一眼
就要懂的历史常识

6-2　火烧圆明园事件历史常识表

时间	1860年
侵略者	英法联军
事件	英法联军以清政府在圆明园囚禁英法俘虏为借口，表面寻人，实际为了报复清政府。他们侵占圆明园，在里面烧杀抢掠，一把火烧了三天三夜
圆明园	圆明园是清朝规模最大的皇家园林，由圆明、长春、绮春三园组成。园内不仅景色一绝，还收藏了数不尽的艺术珍宝和珍贵书籍
损失	火烧圆明园事件发生后，圆明园里的文物被劫掠殆尽，粗略估计约有150万件文物被劫走，另外还有很多带不走的大件珍贵文物被摔砸破坏

3

洪秀全短暂的天王梦

　　洪秀全，一个有创意的梦想家。他生活在清政府腐败无能的统治之下，虽然是农民出身，但他做过乡村教师，心怀梦想，多次到广州参加科举考试，却在科举这条路上屡次失败。有一次，洪秀全在广州从传道士那里得到一本名叫《劝世良言》的布道小册子。正是在这本书的启示下，1843年，洪秀全创立了"拜上帝会"。

　　鸦片战争失败后，清政府剥削加剧，统治者和劳动群众的矛盾日益尖锐。在这样的背景之下，洪秀全如何在清政府的眼皮底下建立了太平天国，这场天王梦又是如何被终结的？

看一眼必须会背的知识点

存在 14 年的太平天国败在哪里？

　　洪秀全建立太平天国的最初原因是，他自称上帝之子，创立教会，又因为反对儒家而失去了乡村教师的工作。科举不中，还

丢了工作。于是，洪秀全一心扑在传教上，慢慢发展出了一批反清力量。

1851年，洪秀全在广西桂平县金田村发动武装起义，建立太平天国，起义军称为"太平军"，成员基本都是山区贫苦农民。1864年，洪秀全在天京病逝，享年51岁，太平天国在他死后被中外势力联合绞杀，以失败告终。从起义到结束，太平天国仅仅存在了14年。

6-3　金田起义浮雕

太平天国运动失败的原因在于农民阶级的局限性，无法提出切合实际的革命纲领，也无法制止和改变领导集团的腐败。

看一眼必须收藏的知识点

太平天国凭什么得民心？

洪秀全的天王梦虽然短暂，但并不是没有意义。1853年，洪秀全颁布了《天朝田亩制度》，其中提出了"凡天下田，天下人同耕"的原则，只要大家有一口吃的，就一起吃，有衣服就一起穿，甚至还有规定不论男女，"好丑各一半"的分田制度。洪秀全单纯的理想就是建立"天下一家，共享太平"的社会。

6-4 《天朝田亩制度》

中国历来都是农业大国，有田就代表有饭吃。因此，洪秀全近乎完美的田亩制度一出来，就吸引了很多人追随。很多老百姓才不管是谁当道，谁能给田种给饭吃，就听从谁的号令。加之当时清政府赋税苛重，不断剥削小户农民，社会矛盾加剧。洪秀全抓住大家的所想所需，振臂一呼，呼应者自然集结到了一起。

洪秀全的刚硬不止"反清"这点，清政府和列强签订的一系列不平等条约他一概不认，并组织军队积极抵抗帝国主义的侵略，也是反帝反侵略力量中的一股清流。

看一眼
就要懂的历史常识

6-3 太平天国运动常识表

时间	1851—1864年
建立者	洪秀全
代表人物	洪仁玕、杨秀清、萧朝贵、韦昌辉、石达开等人
事件	鸦片战争后，清政府统治阶级和各阶层矛盾尖锐。1851年，洪秀全领导金田起义，建立太平天国，起义军称为"太平军"
失败主要原因	农民阶级的局限性
影响	太平天国运动是中国历史上规模最宏大的一次农民战争，沉重打击了清朝的统治和外国侵略势力

4

中国第一批留学生是幼童?

中国能有第一批走出去的留学生，全靠一个人，他就是第一个自费在美国毕业归来，被称为"中国留学生之父"的容闳。他毕业于耶鲁大学，是第一个进入耶鲁大学留学的中国人。

看一眼必须收藏的知识点

第一批留学生的历史背景

19世纪60年代，洋务运动兴起，容闳学成归来，参与创建了中国近代第一座完整的机器厂——上海江南机器制造总局。

最初，容闳和洪秀全的太平天国有些渊源，但没有正式结交。容闳把中国近代化的希望寄托在太平天国运动上，后来觉得靠太平天国实现军事、教育、政治等方面的发展很难，于是就去了洋务大臣曾国藩身边工作。

容闳被曾国藩派去国外购买洋务企业需要的机器。经他建

议，在曾国藩、李鸿章的支持下，他还带去了第一批官费留学的幼童。1872年至1875年的这段时间里，清政府共派出过4批共120位留学生，他们的平均年龄只有12岁。因为孩子年幼，又是男嗣，很多家庭都不愿意让孩子去未知的国度冒险。第一批的30名孩子也是容闳四处奔波好不容易才招满的。

6-5　中国第一批留学生合影

看一眼就要记住的知识点

为什么留学生都是幼童？

为什么要选择年龄小的孩子去留学呢？最主要的原因就是这个年纪的孩子有更好的学习能力，能够接受新鲜事物，也更容易融入国外的生活。

挑选留学生的标准不是每个人达到年龄就行，李鸿章还要求出国留学的孩子必须长相端正，聪明伶俐，因为一旦出了国门，这些孩子代表的就是清政府的脸面，所以必须严格挑选。

这些留学生学成回国后都对中国的现代化做出了重大贡献。不论从事铁路行业、教育行业、外交还是从商从军，每个人都在各自的领域闪闪发光。中国铁路之父詹天佑和北洋大学创建者之一蔡绍基等人是其中最具代表性的人物。

6-6 "中国铁路之父"詹天佑像

留美幼童开启了我国近代史上官派留洋的先河，也是一次留美教育的伟大尝试。留美教育经验对洋务运动起到重要的推动作用，弥补了国内工程人才的缺失，推动了我国近代军工业及国防工业的不断发展。

看一眼
就要懂的历史常识

6-4 中国第一批留学生常识表

时间	1872年至1875年间
倡议者	容闳
支持者	曾国潘、李鸿章
留学人数	4批共120名
平均年龄	12岁
留学目的	学习西方先进科学技术，培养外交等人才，以实现富强中国的目标
留学预备堂	上海山东路外万国公墓对面的留美预备学堂
代表人物	詹天佑：中国铁路之父，中国首位铁路总工程师，主持修建京张铁路 唐绍仪：民国首任内阁总理 蔡绍基：北洋大学创办人之一 唐国安：清华大学创始人，第一任校长

5

义和团：清末江湖武侠传说

在以清朝为背景的武侠影视剧里，民间武术常常大放异彩。晚清武术宗师中的代表性人物有黄飞鸿、霍元甲、董海川、王五等人。产生于清末的义和团就是由义和拳、民间秘密结社和练拳习武的组织发展而来。打着"扶清灭洋"的口号，一群心怀大义的习武之人用自己的方式对抗着帝国主义的侵略行为，演绎了清末的江湖武侠传说。

看一眼就要记住的知识点

为什么说义和团败在"扶清灭洋"？

甲午中日战争以清政府失败告终，再次激起了欧洲列强瓜分中国的野心。1900年，为了镇压义和团运动，八国联军组织侵华战争。同时，慈禧、袁世凯等清政府势力也开始镇压义和团。八国联军侵占大沽口炮台后，慈禧收到虚假情报，以为外国人要求她把政权归还给光绪帝，因此态度大变，转而支持义和团。但义和团运动最终

以失败告终。

　　义和团提出了"扶清灭洋"口号，"扶清"是义和团对清政府落后局势的认识不清，对清政府心存幻想，而"灭洋"坚定表达了中国人民反抗帝国主义侵略的斗志和决心。义和团运动失败的根本原因是农民阶级的局限性，对落后的局势认识不够，没有切合实际的革命纲领支撑，再加上中外反动势力的联合绞杀。

看一眼必须收藏的知识点

义和团的历史意义

　　义和团运动在很大程度上打击了清政府的统治，加速了清王朝的灭亡。义和团运动虽然失败了，但它有效地阻止了列强进一步瓜分中国，对帝国主义侵略者进行了英勇打击，缓解了清朝的社会危机。

　　面对八国联军侵华，义和团的力量是微小的，但他们没有退缩，而是奋起反抗。义和团运动是一场伟大的农民反帝爱国运动，旨在维护清王朝的统治，守卫家园，是正当的自卫行为。

看一眼
就要懂的历史常识

6-5　义和团运动历史常识表

时间	1899年至1900年
参战方	清政府、义和团、八国联军
结果	以义和团失败告终，清政府被迫签订不平等条约
失败原因	农民阶级的局限性，对清政府抱有幻想，对落后的局势认识不够，没有切合实际的革命纲领支撑，再加上中外反动势力的联合绞杀导致失败
影响	义和团运动在很大程度上打击了清政府的统治，加速了清王朝的灭亡。义和团运动虽然失败了，但它有效地阻止了列强进一步瓜分中国，对帝国主义侵略者进行了英勇打击，缓解了清朝的社会危机

6

甲午中日战争败在轻敌？

电影《甲午大海战》中有这样一个片段：清朝将领邓世昌率"致远号"勇往直前，不幸的是，"致远号"被敌军炮弹击中。邓世昌落海后，他的爱犬"太阳"也随即跳入海中去救主人。邓世昌驱赶"太阳"离开，但它却不走。在邓世昌即将沉入黄海之际，"太阳"发出"呜呜"的悲鸣，咬住邓世昌的发辫一同沉入大海，始终都没有松开主人的发辫。甲午中日战争是日本蓄意挑起的侵华战争，清政府为何连一个岛国侵略者都阻挡不了？

看一眼必须会背的知识点

甲午中日战争爆发的原因

19世纪末，日本企图侵占朝鲜，随后征服中国，进而实现称霸世界的狂妄计划。1894年，朝鲜爆发东学党起义，朝鲜派人向清政府求援。同年，日本攻击在朝鲜驻军的中国军队，并袭击清军运兵的船队，因此清政府被迫对日宣战。1894年是农历的甲午年，历史上也称这场战争为"甲午中日战争"。

日本一个岛国为何有胆挑起侵华战争？因为鸦片战争后列强开始侵入中国领土，清政府被迫签订了一系列不平等条约，随着列强掀起瓜分中国的热潮，清朝逐渐走向衰亡，军事力量衰弱，日本乘虚而入。甲午中日战争失败最根本的原因就是清政府的腐败无能。清政府不仅战前奉行"避战自保"，贻误战机，慈禧还挪用军费大搞万寿庆典，使得军费短缺，士气大受打击。

看一眼必须收藏的知识点

甲午中日战争失败的影响

1895年初，日本进攻山东威海卫，丁汝昌自杀殉国，北洋舰队全军覆灭。清政府被迫与日本签订了丧权辱国的不平等条约《马关条约》，进一步加深了中国半殖民地化的程度。条约签订之后，俄国联合英国和德国迫使日本放弃辽东半岛，日本趁机向中国收取了3000万两白银的"赎辽费"。清政府的腐败无能让列强更加肆无忌惮地在中国进行掠夺。

甲午中日战争让清政府颜面尽失，促使中国人民民族意识觉醒。战败后，面对巨额的赔款，清政府不仅搜刮人民的财产，还借了大量的外债。列强对华发动的一系列战争，从政治、经济、文化及科技等领域严重阻碍了我国的发展。甲午中日战争不是败在轻

敌，是败在清政府面对列强侵华的"避战"态度及统治者自私自利的行为，国家没有完整的主权，也没有科学的应对措施。这一切激起了中国知识分子对国情的反思，促使了后来清政府对其政治制度的改革。

看一眼
就要懂的历史常识

6-6　甲午中日战争常识表

时间	1894年（农历甲午年）至1895年
重要战役	黄海大战（邓世昌壮烈殉国），威海卫战役（北洋舰队全军覆灭，标志洋务运动破产）
结果	清政府失败告终，签订不平等条约《马关条约》
失败原因	清政府的腐败无能；战前奉行"避战自保"，贻误战机；慈禧挪用军费大搞万寿庆典
影响	甲午中日战争让清政府颜面尽失；促使中国人民民族意识进一步觉醒；战败后，面对巨额的赔款，清政府不仅搜刮人民的财产，还借了大量的外债，加深了中国半殖民地化的程度

7

清末签订了哪些不平等条约？

鸦片战争以来，清政府被迫与以英国为首的列强先后签订了许多丧权辱国的不平等条约。其中最主要的是《南京条约》《虎门条约》《北京条约》《马关条约》及《辛丑条约》等。这一系列不平等条约的签订，给中国带来了沉重灾难，使中国沦为了半殖民地半封建社会。

看一眼就要记住的知识点

两次鸦片战争后签订的不平等条约

我国近代史上第一个不平等条约就是 1842 年中英签订的《南京条约》，标志着第一次鸦片战争的结束。主要内容有：割让香港岛给英国；赔款 2100 万银圆；开设广州、福州、厦门、宁波、上海五处为通商口岸；协定关税，英国进出口货税、饷费必须经过双方协议。

第二次鸦片战争后签订的《天津条约》和《通商章程善后条约》

不仅迫使清政府增开十处通商口岸，还迫使其承认鸦片贸易的合法化，但这些并没有使侵略者感到满足。1860年，英法联军火烧圆明园，迫使清政府与其签订《北京条约》。清政府被迫承认《天津条约》的有效性，并割让九龙半岛给英国，将中英《天津条约》的赔款增加到800万两银圆，允许西方的传教士到中国租买土地用来建教堂。

看一眼必须收藏的知识点

签订不平等条约的影响

第二次鸦片战争之后，中国失去了更多的领土和主权，半殖民地化程度进一步加深。甲午中日战争后，日本又迫使清政府签订了《马关条约》，中国不仅割让辽东半岛、台湾岛及其附属岛屿澎湖列岛给日本，允许日本在中国开办工厂，还赔款了2亿两白银。赔款最多的是《辛丑条约》，赔款4.5亿两白银，大大加重了中华民族的苦难。

列强掀起侵华浪潮，清政府的求和，统治阶级的腐败，导致社会混乱，严重阻碍了经济的发展，而为了支付巨额的赔款，清政府搜刮民脂民膏，更是给人民带来了沉重的负担。《辛丑条约》签订后，中国完全沦为半殖民地半封建社会。

看一眼
就要懂的历史常识

6-7 清末不平等条约常识表

条约	签订对象	签订时间	意义
《南京条约》	英	1842年	中国开始沦为半殖民地半封建社会
《北京条约》	英、法	1860年	中国半殖民地半封建社会程度进一步加深
《马关条约》	日	1895年	欧洲列强掀起瓜分中国的狂潮
《辛丑条约》	十一国（八国联军和比利时、奥匈帝国、荷兰）	1901年	中国彻底沦为半殖民地半封建社会

8

辛亥革命是失败还是成功？

辛亥革命爆发之前，如果有人敢在有钱有权人面前直呼其名，轻则被赏几个耳光，重则可能丢掉性命。辛亥革命之后，孙中山废除清朝"大人""老爷"等称呼，官员之间都用官职相称，民间就称"先生"，在很大程度上促进了社会观念的改变。虽然辛亥革命推翻了清王朝的反动统治，结束了封建帝制，但结果却是失败的。我们应该怎样看待辛亥革命呢？

看一眼必须收藏的知识点

辛亥革命的起止点

1911年，武昌起义爆发，各省响应起义。1912年，孙中山就任中华民国临时大总统，宣告中华民国临时政府成立。同年，孙中山以临时大总统的名义颁布了参议院制定的《中华民国临时约法》。该约法成为我国历史上第一部具有资产阶级共和国宪法性质的重要文件。

6-7　孙中山像

辛亥革命成果被窃取的标志是袁世凯就任中华民国临时大总统。造成这一结果的根本原因在于资产阶级的软弱性和妥协性。

看一眼必须会背的知识点

辛亥革命的历史意义

辛亥革命的积极意义体现在，政治上推翻了统治中国两千多年的君主专制制度，建立民主共和政体，开创了完全意义上的近代民族民主革命的先河；思想文化上，传播了民主共和的观念，极大推动了中华民族的思想解放，对中国社会的变革起了促进作用。

在一定程度上，辛亥革命是成功的。孙中山破除诸多陋习，改变了人们的生活方式，在传承中华优秀传统文化的同时，很多人

也选择接受新鲜的洋玩意儿，而不是一味地排斥外来文化。中华民国倡导"自由、平等、友爱"的公民公德，有利于社会的多元化发展。

看一眼
就要懂的历史常识

6-8　辛亥革命常识表

背景	《辛丑条约》签订后，民族危机空前加剧，民族资本主义发展迅速
目的	结束封建帝制，谋求民主自救，实现民主共和
时间	1911年（农历辛亥年）
主张	三民主义（民族、民权、民主）
成果被窃取的标志	袁世凯就任中华民国临时大总统
意义	推翻了清王朝的反动统治，结束了两千多年的封建帝制，使民主共和的思想观念深入人心。但革命果实被袁世凯窃取，没有改变中国半殖民地半封建社会的性质，没有完成反帝反封建的革命任务

9

孙中山废除了哪些陋习？

"陋习"，顾名思义指的是不良习气或习惯。很多陋习在我们的日常生活中随处可见，比如乱扔垃圾、随地吐痰等行为都属于陋习。早在封建社会，陋习还包括纳妾、典妻、缠足等行为。这些封建社会的陋习是怎么产生的？又是怎么消失的呢？

看一眼必须收藏的知识点

封建陋习的典型代表

纳妾和典妻的区别在于，纳妾是古代一夫多妻制，作为侧房也是有名分的，而典妻是指把合法的妻子"借"出去，换取某种利益。例如穷人结不起婚，以典妻的形式租借妻子。随着社会的发展，这些陋习已逐渐被淘汰。

"缠足"是我国古代的一种陋习。有一种说法是"缠足"源于北宋初年。有文献记载南北朝陈后主的宠妃天生小脚，受到当

时很多女性的模仿，因此缠足开始流行。还有一种说法是源于南唐后主李煜，因他喜欢小脚的女人，只要是他身边的女人都必须缠足，于是渐渐地流行开来。古时女子以"三寸金莲"为美，这是一种畸形的审美观念。

看一眼就要记住的知识点

孙中山破除陋习的根本原因

孙中山破除陋习最初的原因是他亲眼见证了自己的姐姐饱受缠足之苦，于是他下定决心要革除这项陋习。孙中山不仅废除了缠足的陋习，还有剪长辫子、改封建称呼（如老爷）、长衫马褂改中山装、允许女子上学等。根本原因在于当时的人们思想十分封建，孙中山认为只有破除旧陋习，人们才能接受新思想。

孙中山不仅提出平等和民主的观念，还主张废除男尊女卑的封建观念。此举有利于推动男女平等和妇女解放，促进社会的进步。在清末民初，社会尚在恢复秩序时期，孙中山毅然破陋习的行为是值得肯定的，因此受到了人民广泛的支持。这说明破除陋习在历史上是顺应潮流且必然会发生的。

看一眼
就要懂的历史常识

6-9　孙中山破除陋习常识表

陋习	废缠足、剪长辫子、废封建称呼、允许女子上学、不穿长马褂、废纳妾或典妻等不文明、不合理的习俗
破除的原因	当时人们思想十分封建，孙中山认为只有破除旧陋习，人们才能接受新思想
破除的意义	孙中山不仅提出平等和民主的观念，还主张废除男尊女卑的封建观念。这有利于推动男女平等和妇女解放，促进社会的进步

第七章

探索与实践：

从思想变革到中华人民共和国成立

1 为何袁世凯只敢称"临时大总统"?

"临时"，一般表示事情将要发生的时候。比如今天打算去图书馆，但是临时有事，去图书的计划取消。"临时"也有暂时、暂且的意思。民国时期，窃取辛亥革命胜利果实的袁世凯被推举为中华民国的"临时大总统"，可能大家会有个疑问：为什么他的称号前有个"临时"？难道和正式的大总统不一样吗？

看一眼必须会背的知识点

民国建立"临时"政府的原因

其实不止袁世凯，孙中山作为民国首任总统，全称也叫"中华民国临时大总统"，并且孙中山以总统身份颁布了由参议院制定的《中华民国临时约法》。"临时"不是随便叫，也是有说法的。

清王朝的统治被推翻后，国内军阀割据之严重程度不亚于当年战国的诸侯纷争。1911年，武昌起义爆发，各省纷纷独立，革命形势下迫切需要一个统一的中央政府。在这样的背景下，资产阶级革命党认为，革命的根本问题是政权问题。因此，在国家尚未统一之前，只能先建立一个临时政府，但不能成立正式的全国政府，这样做可以促进各方势力的团结，凝聚人心。于是多方协商后，在南京成立了临时中央政府。同年年底，各省派代表去南京开会，选举孙中山为中华民国的临时大总统。

看一眼就要记住的知识点

大总统为什么只能称"临时"？

为什么大总统也只能称"临时"呢？因为根据当时宪法的原则，选举总统成立一届政府需要召开国民大会，而当时的国家尚未真正统一，加上革命党人的活动区域主要在南方，根本无法召开全国性的国民大会，因此成立的政府和选出来的大总统都是临时的。他们认为"临时"也有进一步发展和完善的意思，正好体现了革命党人不断追求民主共和的精神。

"临时"还有过渡的意思。辛亥革命推翻清王朝的反动统治，中华民国临时政府就像是清朝封建社会和新中国新社会之间的"过渡"期。这个时期的存在是必要的，也是顺应历史发展潮流的。中华民国虽然只存在了短短38年，但它在我国历史上占据无可替代的重要地位，为新中国的发展奠定了坚实的基础。

7-1　中华民国常识表

成立时间	1912年1月1日
首都	南京
国旗	初期采用铁血十八星旗、五色旗，后用青天白日满地红旗
国家领导人物	孙中山、蒋介石等
政治体制	议会共和制
地位	辛亥革命后建立的亚洲第一个资产阶级民主共和国
历史意义	推翻了清王朝的反动统治，结束了两千多年的封建帝制，建立了以"三民主义"为指导思想的资产阶级民主共和国

2

北洋军阀是怎么产生的？

军阀是什么时候产生的？提起民国总免不了提及"大帅"形象的军阀人物。军阀只出现在民国时期吗？军阀指的是割据一方的军人集团。其实我国历史上多个朝代的终结都曾受到军阀混战的影响。典型的代表就是东汉末年、隋末唐初、五代十国、元末及民国初年的军阀混战。

看一眼就要记住的知识点

袁世凯创立北洋军阀

袁世凯就任中华民国临时大总统后，其部下北洋新军将领组成的北洋军阀是民国最强大的军阀势力之一，由直系、奉系、皖系三大军阀组成。1901 年，袁世凯接替李鸿章成为直隶总督兼北洋通商大臣，其统帅的军队被称为北洋新军。袁世凯是北洋新军的创始人，其他影响力较大的军阀首领有冯国璋、段祺瑞、张作霖、吴佩

孚、孙传芳等人。

为什么民国时期会出现军阀割据？袁世凯死后，因为没有人有统领整个北洋军队和政权的能力，所以各地的军阀以省份为界限割据分裂，以军队为主要力量盘踞在各省建立势力范围，形成了军阀割据的局面。

看一眼必须会背的知识点

国内外军阀割据纷争的影响

北洋军阀建立的最初目的是维护国家的统一，但这种行为本质上是打算靠暴力武装，建立一个新的专制王朝。袁世凯就曾想复辟帝制。袁世凯死后，北洋军阀群龙无首，各省纷纷割据，建立自己的势力范围，互相混战。战争连年不断，严重破坏了国家社会经济的发展，不仅造成社会动荡、民不聊生的惨状，还阻碍了国家的统一和发展。

军阀不是我国历史上独有的，国外许多国家也有过军阀混战时期。如1747年伊朗进入军阀割据混战时期。希腊、土耳其、乌克兰的顿巴斯等地都存在过军阀割据的现象，这些军阀割据无一例外都给当地社会带来了沉重灾难。

看一眼
就要懂的历史常识

7-2　北洋军阀历史常识表

起止时间	1912年4月至1928年12月
组成派系	由直系、奉系、皖系三大军阀组成
军阀代表	冯国璋、段祺瑞、张作霖、吴佩孚、孙传芳等人
军阀割据混战的原因	袁世凯死后，没有人有统领整个北洋军队和政权的能力，各地的军阀以省份为界限割据分裂，以军队为主要力量盘踞在各省建立势力范围

225

3

新文化运动"新"在哪里？

7-1　胡适

　　1934年，胡适在课堂上夸赞白话文的优点，这一行为立马受到一个学生的质疑。学生觉得白话文不够简练，用来发电报的话花钱也多。胡适没有强硬地反驳学生的观点，而是用前几天行政院的朋友给他发电报邀请他去做官却被他拒绝的事情为例，请同学们用文言文来编写电报的内容。所有同学中，最为精练的一句就是"才疏学浅，恐难胜任，不堪从命"。同学们纷纷赞同这句十二字的回复。胡适笑了笑，表示白话文只需要五个字，这激起同学们的好奇心。胡适说出了用白话文写的回复："干不了，谢谢。"此言一出，顿时全场哗然。

看一眼必须收藏的知识点

新文化运动的开端

以前我们的书面语采用的是文言文，比较晦涩难懂。新文化运动提倡白话文，慢慢地白话文才被普及开来。鲁迅的《狂人日记》是第一篇白话文小说，胡适的《尝试集》是第一部白话诗集，这些作品在当时都产生了很大的影响。

7–2 《新青年》杂志

20世纪初，中国一些先进知识分子发起了一场反对封建主义的思想解放运动，历史上称为新文化运动。新文化运动开端的标志是1915年，陈独秀在上海创办《青年杂志》，并在创刊号上发表《敬告青年》一文。新文化运动"新"在提倡"德先生"（民主）和"赛先生"（科学），这两个口号是陈独秀于1919年1月15首次提出来的，自此，这两位来自西洋的"先生"成为中国启蒙运动中最深入人心的形象，给中国带来了极其深远的影响。

看一眼必须会背的知识点

新文化运动的背景

新文化运动兴起的背景：政治方面主要是帝国主义的侵略，军阀统治黑暗，反帝反封建迫在眉睫；经济方面，一战期间，中国民族资本主义进一步发展，民族资产阶级力量壮大，登上政治舞台，强烈要求实行民主政治，发展资本主义；思想文化方面，辛亥革命后，西方启蒙思想进一步传播，民主共和的思想深入人心。以袁世凯为首的北洋军阀为复辟帝制推行尊孔复古的逆流。

新文化运动动摇了封建道德礼教的统治地位，以进化论观点和个性解放思想为主要武器，猛烈抨击以孔子为代表的"往圣先贤"，大力提倡新道德、反对旧道德，提倡新文学，反对旧文学。在某种程度上这些绝对的否定和绝对的肯定都是极端的，是不理智不科学的。

看一眼
就要懂的历史常识

7-3 新文化运动常识表

开始时间	1915年
代表人物	陈独秀、李大钊、胡适、鲁迅等
两面旗帜	"民主"和"科学"
主要阵地	《新青年》杂志和北京大学
性质	新文化运动是我国历史上一次空前的思想大解放运动
主要内容	前期是"四个提倡、四个反对"：提倡民主，反对独裁专制；提倡科学，反对迷信盲从；提倡新道德，反对旧道德；提倡新文学，反对旧文学。后期以宣扬马克思主义思想为主
历史意义	新文化运动追求民主和科学，探索救国救民的真理，为马克思主义在中国的传播创造了条件。但是新文化运动并不是完全正确的，其中对传统文化的绝对否定和对西方文化的绝对肯定都是极端的，对后来的文化发展产生了一定的影响

4 五四运动游行示威有什么作用？

　　1919年5月4日，北京爆发了一场以3000多名青年学生为主，广大群众、市民、工商人士等阶层共同参与，通过示威游行、请愿、罢工、暴力对抗政府等多种形式进行的爱国运动，史称五四爱国运动。"游行示威"是制造社会舆论的手段，简单来讲是一种抗议行为。

7-3　五四运动

看一眼必须收藏的知识点

五四运动爆发的原因

五四运动兴起的背景是第一次世界大战期间，欧洲列强无暇顾及中国，日本趁机加强对中国的侵略，严重损害了中国的主权。

1919年1月，英、美、法、日、意等一战的战胜国

7-4　巴黎和会拒绝签字

在巴黎召开"和平会议"。中国是参加对德宣战的战胜国之一，与会时提出废除外国在华的特权、取消"二十一条"、收回青岛主权等正当要求，但列强们对中国的要求置若罔闻，还决定由日本继承德国在中国山东的特权。此时，中国的北洋军阀政府却准备接受这个决定。这次和会上中国外交的失败，直接引发了五四爱国运动。

看一眼必须会背的知识点

五四运动为什么会出现游行示威活动？

五四运动时，学生和工人进行游行示威，旨在揭露帝国主义列强的侵略行为。其口号是"外争国权、内除国贼"、取消"二十一

条"、反对在"对德和约"上签字等。示威取得初步胜利，北洋军阀政府被迫释放被捕的学生，罢免曹汝霖等卖国贼的职务，并拒绝在合约上签字。

五四运动从形式上看是青年学生的爱国运动，实际上反映了中国社会的思想文化、政治经济及教育方面的发展。五四运动是一次彻底的反对帝国主义和封建主义的爱国运动，是中国新民主主义革命的开始。

五四运动的游行示威产生了重要影响。不仅青年学生在运动中起了先锋作用，中国无产阶级也开始登上政治舞台，为传播马克思主义提供了良好的环境。

看一眼
就要懂的历史常识

7-4　五四爱国运动常识表

爆发时间	1919年5月4日
背景	巴黎和会中国外交失败
领导人	陈独秀、李大钊
口号	"外争国权、内除国贼"、取消"二十一条"、反对在"对德和约"上签字……
结果	取得初步胜利，北洋军阀政府被迫释放被捕的学生，罢免曹汝霖等卖国贼的职务，拒绝在和约上签字
性质	五四运动是一次彻底的反对帝国主义和封建主义的爱国运动

5 五四变革思想：新中国成立的思想先声

　　每个时代都有自己的主题，每一代人都有自己的使命。回首我国近现代波澜壮阔的历史进程，五四运动无疑是一座巍峨耸立的里程碑，在中华民族追求民族独立和发展进步的过程中具有重要意义。我们可以把五四运动的思想比作一颗颗炙热闪耀的火种，正是这些薪火相传的火种照亮了我国近现代走向独立解放、迈向新中国成立的漫漫长路。

　　五四运动不仅是一场爱国抗争运动，更是一场掀起思想新潮的狂风暴雨。19世纪初，我国正面临列强环伺、封建腐朽的困境，此时，马克思主义思想犹如一颗火种照亮了陷在困境中的知识分子，李大钊、陈独秀等先进知识分子通过发表文章、创办刊物、出版书籍，以及与工人运动结合的方式，将马克思主义基本原理和俄国十月革命的胜利经验带给了迷茫中的中国人，推动了马克思主义思想在我国的传播，照亮了我国救亡图存的新道路。

看一眼就要记住的知识点

马克思主义在中国的传播及其特征

鸦片战争后，我国沦为半殖民地半封建社会，这一时期，民族资本主义得到发展，工人阶级逐渐壮大。新文化运动爆发后，资产阶级知识分子倡导民主与科学，提倡解放思想，冲击着封建礼教和旧传统的根基，为马克思主义在我国的传播创造了条件。

马克思主义在我国的传播途径主要有三个。

第一个，先进知识分子的介绍与宣传。最具代表性的人物就是李大钊和陈独秀。李大钊是我国传播马克思主义的先驱。他在1918年发表的《庶民的胜利》《布尔什维主义的胜利》等文章中热情歌颂了俄国十月革命，并介绍了俄国布尔什维克的革命思想和马克思主义的基本观点。1919年，李大钊在《新青年》上发表《我的马克思主义观》，系统地阐述了马克思主义的唯物史观、政治经济学和科学社会主义等基本观点，标志着马克思主义在我国进入了较为系统的传播阶段。陈独秀等一批先进知识分子也纷纷转变思想，积极宣传马克思主义，推动了马克思主义在我国的广泛传播。

第二个，创办刊物与出版书籍。马克思主义在我国传播的重要阵地有《新青年》《每周评论》等刊物。李大钊不仅在刊物上发表文章宣传马克思主义，在思想上起到先驱的作用，他还于1920年3月在北京发起了我国最早的马克思学说研究会，主要由经历过五四运动锻炼的优秀青年组成，以学习和研究马克思主义学说为首要任务，进一步促进马克思主义在我国更大范围的传播。

第三个，与工人运动相结合。我国早期的马克思主义者在传播马克思主义思想这条路上并不是纸上谈兵，他们走进工人群众中间，举办工人夜校、识字班等学习活动，向工人宣传马克思主义的基本原理。这些行动不仅能够启发工人的阶级觉悟，还积极推动了马克思主义与我国工人运动的结合。

马克思主义在我国的传播是一个具有重大历史意义的过程，其传播过程反映了我国近现代历史发展的独特性和复杂性。"农村包围城市，武装夺取政权"的革命道路理论就是马克思主义中国化的重要成果，体现了马克思主义在我国传播过程中与我国革命实际相结合的特征。

马克思主义在我国传播过程中遇到过各种阻力和争议，体现了传播过程的曲折性。虽然曾被镇压、诋毁和诬蔑，但这些经历在某种程度上推动了马克思主义在我国的传播。思想传播离不开群众的支持，马克思主义的影响范围从开始的知识分子群体逐渐扩展到工人阶级以及其他社会阶级中间。马克思主义基本原理在我国的传播过程中，逐渐被广大群众所接受，激发了人民群众的积极性和革命热情，同时也形成了广泛的群众基础。

新中国的成立是我国历史发展的必然结果，也是马克思主义中国化的伟大胜利，为中华民族伟大复兴开启了崭新的篇章。

五四运动思想是破旧立新的呐喊

五四运动是我国旧民主主义革命走向新民主主义革命的转折点。

辛亥革命虽然推翻了清王朝的统治，结束了封建帝制，但我国仍处于内忧外患、积贫积弱的困境之中，封建礼教、旧传统习俗依然禁锢着人们的思想，我国的社会矛盾并没有得到根本解决。

在第一次世界大战期间，西方列强忙于战争，暂时放松了对我国的经济侵略，此时我国的民族工业得到一定程度的发展，民族资产阶级和工人阶级的力量有所壮大，这也为五四运动的爆发奠定了阶级基础。同时，新文化运动倡导民主、科学等新思想，猛烈冲击了封建正统思想的统治地位，为五四运动新思想的兴起奠定了思想文化基础，追求自由、平等的观念逐渐深入人心。

在民族危亡的关键时刻，巴黎和会上我国外交失败的消息更犹如一根导火索，点燃了青年学生及广大人民群众积压已久的怒火，由此五四运动爆发。青年学生们怀着炽热的爱国情怀高呼"外争主权，内惩国贼""废除二十一条""还我青岛"等口号，举行示威游行，抗议帝国主义列强的侵略和北洋军阀政府的卖国行径。

五四运动具有彻底的反帝反封建的革命性，它毫不妥协地批判封建礼教、旧道德、旧文化，倡导新思想、新文化、新道德，主张用科学的方法认识世界、改造社会，追求个性解放和自由平等，这种破旧立新的变革思想使我国社会的思想面貌焕然一新，为马克思主义在我国的广泛传播开辟了道路。

看一眼必须会背的知识点

五四运动思想对新中国成立的推动作用

五四运动思想对新中国成立起到推动作用，主要表现在政治觉醒与组织基础的奠定、催生社会变革的动力、文化变革和民族认同等三个方面。

从政治觉醒与组织基础来看，五四运动有力地推动了我国社会的变革，其中最显著的特征是工人阶级的壮大和其登上政治舞台，在争取自身权益和民族独立方面展现出强大的力量和斗争精神。

从催生社会变革的动力来看，五四运动思想也在农村地区产生了影响，农民运动逐渐兴起，广大农民开始觉醒，为我国革命道路提供了广阔而坚实的群众基础。工农联盟的形成和发展成为新中国成立的重要阶级保障，为革命的胜利提供了源源不断的动力。

从文化变革和民族认同来看，五四运动的思想破旧立新，新文艺、新教育的发展培养了大批具有新思想、新观念的人才服务于革命事业。文化革新促进了民族文化自觉自信，强化民族认同，使全国人民在共同文化心理下为新中国成立不懈奋斗，增强民族凝聚力和向心力。

五四运动思想与新中国的成立紧密相连，前者为后者提供了思想源泉、精神动力和人才储备，后者则是对前者的继承、发展和升华，不仅实现了五四运动时期广大进步青年和知识分子追求民族复兴、国家富强的伟大跨越，也将永远激励着我们在实现中华民族伟大复兴的征程上奋勇前行，不断创造新的辉煌。

看一眼必须收藏的知识点

新中国成立后对五四运动思想的传承与发展

新中国成立后，五四运动思想得到了进一步的传承与发展。五四运动的爱国、进步、民主、科学等精神融入了新中国的建设理念中。"爱国"体现在为建设新中国奉献自身力量，"进步"精神推动了各项事业的发展，"民主"在政治制度建设中得到落实，"科学"指引着科技文化教育的进步。

爱国精神体现在全国人民为建设新中国而无私奉献的实际行动中，无论是投身于国家工业化建设的工人阶级，还是扎根农村、致力于农业生产发展的广大农民，以及在各条战线上默默耕耘的知识分子和干部群众，大家都以饱满的热情和高度的责任感为国家的繁荣富强贡献着自己的力量。

进步思想贯穿于新中国各项事业的发展进程中，从科技领域的不断创新突破到社会制度的逐步完善，从文化教育事业的蓬勃发展到人民生活水平的稳步提高，都彰显了追求进步的时代精神。

民主思想在新中国的政治制度建设中得到了切实的贯彻和落实。人民代表大会制度作为我国的根本政治制度，保障了人民当家作主的权利，使广大人民群众能够通过民主选举、民主决策、民主管理和民主监督等方式，广泛参与国家事务的管理和社会事务的决策，充分体现了五四变革思想中对民主的追求和向往。

科学精神指引着新中国在科技、文化、教育等领域取得了长足的进步，从"两弹一星"的成功发射到现代科学技术体系的逐步建立，从普及义务教育到高等教育的快速发展，科学技术成为推动国家发展的重要力量，也是对五四变革思想中科学理念的传承和发展。

在制度建设方面，新中国建立了完善的教育制度、文化制度，义务教育的普及使科学民主观念能够在更广泛的人群中传播和传承，培养了一代又一代具有现代思想意识的公民。文化机构的设立和文化产业的发展，为新文化的创作和传播提供了广阔的平台，鼓励文艺工作者继承和发扬五四精神，创作出更多反映时代精神、弘扬民族文化的优秀作品，使五四变革思想在新中国的文化土壤中生根发芽、茁壮成长，持续影响着国民精神的塑造和国家发展的路径选择。

五四运动思想与中华人民共和国的成立存在着千丝万缕、不可分割的紧密联系。五四运动从思想启蒙、政治觉醒、社会变革、文化革新等方面，为新中国的成立提供了思想源头、精神动力、组织保障和文化支撑，而新中国的成立让五四运动思想的精神内涵得到了传承发展，经受了实践的检验，成为中华民族宝贵的精神财富和国家发展的重要精神动力。

在新时代，我们应当铭记五四运动思想的历史意义，传承和弘扬五四精神，将其融入实现中华民族伟大复兴的中国梦的奋斗征程中，为国家的繁荣昌盛、民族的伟大复兴不懈努力，续写新时代的辉煌篇章，让五四精神在新时代焕发出更加耀眼的光芒。

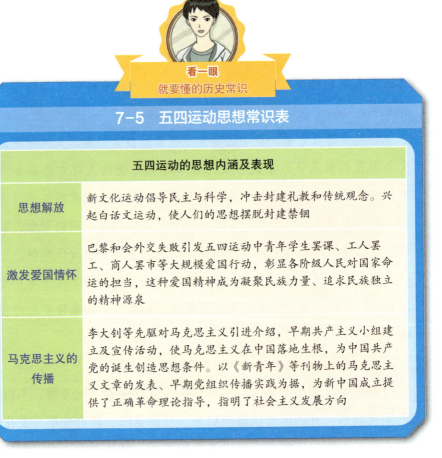

看一眼
就要懂的历史常识

7-5 五四运动思想常识表

五四运动的思想内涵及表现	
思想解放	新文化运动倡导民主与科学，冲击封建礼教和传统观念。兴起白话文运动，使人们的思想摆脱封建禁锢
激发爱国情怀	巴黎和会外交失败引发五四运动中青年学生罢课、工人罢工、商人罢市等大规模爱国行动，彰显各阶级人民对国家命运的担当，这种爱国精神成为凝聚民族力量、追求民族独立的精神源泉
马克思主义的传播	李大钊等先驱对马克思主义引进介绍，早期共产主义小组建立及宣传活动，使马克思主义在中国落地生根，为中国共产党的诞生创造思想条件。以《新青年》等刊物上的马克思主义文章的发表、早期党组织传播实践为据，为新中国成立提供了正确革命理论指导，指明了社会主义发展方向

后记

走"弯路"也是一种学习方法

刚开始写这本书的时候，我兴奋不已，总觉得这件事情是小菜一碟。我拿出平时写小说时的斗志，绷紧每一根神经，就差激动地吼出两嗓子。但是，直到写完这本书，我才有时间感叹一句：真的太叫人头疼了。

我头疼不是觉得历史难，而是我写这本书走了很多的"弯路"。但也正是这些"弯路"让我对学习历史有了很多的看法。

这本书是以初中历史课本为基础，以我国的朝代发展为主线写成的。最原始的版本是以我国历朝历代的著名战役为主线，但是知识点串起来太多。后来我又尝试增加了趣味历史故事，经过多次调整，才有了最终呈现出来的这个版本。

也许有人会觉得，写本历史书那么麻烦，那学习历史岂不是更麻烦？不不不，千万别被我前面的话吓到。学习没有捷径，但有高效率的学习方法。中华文明上下五千年，历经了多少朝代，发生了大小多少事件，涉及的历史人物更是数不胜数。正因为历史时间长，知识点多，难以记忆，所以大家才觉得历史难。但找对方法，仍旧可以把历史学好。

　　初中历史对于我来说已经是十多年前的知识，但经过此次写作所走的"弯路"，我又从早期人类起源开始，重新系统地学习了历史，对历史有了新的感悟和收获。

　　我想对读者朋友们说，在学习历史这条路上，多走点"弯路"不要紧，最重要的是找到适合自己的学习方法，然后重新走上"正轨"。